重建：转行的多样性

肖 盈 主编

中国建材工业出版社

北京

图书在版编目（CIP）数据

重建：转行的多样性 / 肖盈主编． -- 北京：中国建材工业出版社，2023.11
　　ISBN 978-7-5160-3682-2

Ⅰ．①重… Ⅱ．①肖… Ⅲ．①职业选择—基本知识 Ⅳ．① C913.2

中国国家版本馆 CIP 数据核字（2023）第 002461 号

重建：转行的多样性
CHONGJIAN: ZHUANHANG DE DUOYANGXING
肖　盈　主编

出版发行：**中国建材工业出版社**
地　　址：北京市海淀区三里河路 11 号
邮政编码：100831
经　　销：全国各地新华书店
印　　刷：北京印刷集团有限责任公司
开　　本：710mm×1000mm　1/16
印　　张：15
字　　数：200 千字
版　　次：2023 年 11 月第 1 版
印　　次：2023 年 11 月第 1 次
定　　价：56.00 元

本社网址：www.jccbs.com，微信公众号：zgjcgycbs
请选用正版图书，采购、销售盗版图书属违法行为
版权专有，盗版必究。本社法律顾问：北京天驰君泰律师事务所，张杰律师
举报信箱：zhangjie@tiantailaw.com　举报电话：（010）57811389
本书如有印装质量问题，由我社市场营销部负责调换，联系电话：（010）57811387

写在前面

昨天后海船坞不营业，风雨中，那些小船被绑在一起摇摇晃晃。远处的白塔在历史中浮沉，岿然不动。

作为建筑学子，我们深感建筑是如此迷人。它包容、广博、深邃，给我们带来无尽的财富。如何运用这些学科优势，找到自己的锚固点？如何看清自己的优势，找到更适合自己的职业方向？这也是建筑学子们在不断思考的问题。

本书生动展示了一幅建筑学子在各行各业前行的画像，这24个真实的人生故事，都是"建筑人"的现身说法。你从中读到他们的困境正如你的困境，他们的挣扎也许是你的挣扎，他们的心魔恰似你的心魔。人性的复杂在于取舍之间，有时候离开比坚持更艰难。

轻观点，重陈述；轻情绪，重事实。这是一部建筑学子在各自领域重新找到自己坐标的纪实性读物。

任何行业的发展都遵从市场规律，我们必须先承认现实，而后超越现实。行业提振不是对行业现状视而不见，在多举措推动多元就业的背景下，大批青年学子顺应趋势，树立了多元的择业观。他们有人投身乡村振兴、碳中和、智慧城市等新兴行业，也有人大跨步转行做律师、蛋糕设计师，甚至搞起了地摊经济，都体现了当代年轻人的实干决心。无论在哪个领域成功或是受挫，都让我们看到更多建筑学子的职业可能性，而社会正需要这些多元的可能性。

风浪只是暂时的，后海里停泊的那些小船，在某一个晴朗的日子，必将重新起航。

2023 年 9 月 21 日

〔序〕

是读故事的人，也是故事的主角

据国家统计局的数据，从2000年到2020年，中国的城镇人口比重已从36.22%上升至63.89%。谁也无法抵挡时代的浪潮与社会的变迁，传统的土建时代在此时遗落下了许多陷入困境与迷茫中的人。

聊聊转行

我们都曾目睹过地产辉煌的时代，那是一代又一代建筑师们用十二分的努力与热血浇筑而成的城建时代。然而短短几年之内，机会、信息、变化，都随着时间的车轮滚滚而来。

如今在网络上搜索"建筑、土木"的热词，"转行"必占一席之地。本科5年，如继续深造，研究生少则一年，多则三年。5到8年的光阴，我们将青春悉数交给那或热爱、或厌倦、或五味杂陈的建筑专业。建筑是我们的战甲，沉重，却光荣。

稍显偏激的语境下，我们更需要对内心进行审慎检阅，理性抉择。在宏观世界里，在历史长河中，这也许只是一场微不足道的行业阵痛，但在我们自己不到百年人生的黄金时代中，或许会是一座难以跨越的大山。

一代人有一代人的幸运，一代人有一代人的悲哀，我们都是一边被时代影响着，一边追逐时代。

既如此，何不剑走偏锋，另寻出路？转行虽难，却也有迹可循。

2021年4月,"建走偏锋"公众号创建了,这个名字就代表着建筑人走一条不同于常规或传统的人生路线。起初只是我一时兴起想要去采访身边转行的学建筑的同学,却在不知不觉中认识了这样一群小伙伴:他们中间有人"成功",有人"失败";有人踌躇满志,有人依旧迷茫,但每个人都有属于自己的故事。原来学建筑的我们,还能有这么多的可能性。可以确定的是,不管最终有没有选择从事建筑,与建筑相关的一切,都会深深影响我们的一生。

2022年10月,出版社的朋友邀约询问是否有以"建走偏锋"内容为基础出书的意向,当我打开公众号发表的历史文章记录,依然觉得篇篇珍贵。用互联网承载的记忆总是有那么一点不确定性,而现在,我想将这些故事实体化,希望这本书的厚度、封面、纸张、质感,等等,都会给大家留下更深刻的印象。等到多年以后匆匆一瞥,看到书架上的这本书,还能会心一笑:"嘿,我年轻时也是一个这么不甘心只做建筑的人呢!"

关于这本书

对于转行,我们有太多的困惑,又有太多的幻想。我们把这件事看得很重,似乎做了这个决定就无法掉头;可我们又不能不把它看得很重,因为转行的成本与代价有时候难以承受。行业就像一座围城,城里的人想出去,城外的人想进来。对于门外的世界,我们有过试探,但真正踏出那一步需要勇气。

"建走偏锋"公众号曾发过一份转行相关的问卷调研,收集当下年轻人对于转行的困惑,高票回答中不乏以下内容:

"太多的未知性和现在的沉没成本"

"工资的断层,还有自我价值的自我怀疑"

"无从下手,如何找到自己的方向"

"旁人的指指点点"

"如何迈出做出改变的第一步"

"对未知事情的恐惧"

"今年刚本科毕业,学历和阅历都不是很出众,比较迷茫"

"不想也不敢离开舒适圈"

"害怕竞争不过原专业的"

……

年龄、收入、资源、方向、信息差……每一项都需要勇敢跨越,每个年轻人都会面对不知所措的窘境。这本书写给那些在困境和迷茫中的人,你并非一个人在前行。寻找方向踏出的第一步往往是最困难的一步,让我们跟随先行者的脚步,去看看他们是如何开拓道路,勇往直前的。无论是否是建筑相关从业者,可能你都会从这些故事中得到一些微小的启发,会与某位嘉宾产生一丝的共鸣,也可能,你只是读着他们的故事,陪故事的主角,走过一段人生中带有些许波澜的时光。

本书涵盖 24 个转行故事,将分成以下 4 个部分展开讲述:

1. 以设计为起点:围绕设计的轻转行,也能衍生出多种在原专业能力基础上的发散方向。建筑学教会我们美学、设计、逻辑、技术,综合的专业能力,在其他似曾相识的行业里,我们也能放大建筑背景的优势。

2. 乘风破浪:时代的破局需要抓住当下社会热门行业的机会,好风凭借力。一个行业跌下了神坛,总是会伴随着其他行业的兴起。互联网、双碳、智慧城市……多个当下的政策与热点,正值风光的新兴领域,会随着时代的发展不断变化。

3. 人生不设限：抛开传统的社会期望后，我们终于可以问问自己，真正喜欢的是什么？是不愿辜负的社会期望吗？还是走不下的象牙塔？有些人重新拾起了内心深处的愿望，开启一段真正属于自己的新生活。

4. 前辈们说：时间的长河留下的不仅仅是身体上的成长，经验与思想的沉淀。前辈们曾走过地产的黄金时代，曾走过无数次的高峰低谷，也正经历着此时的行业变革，他们分享的人生经验，有更深厚的故事沉淀。

这本书是一支行业万花筒，我们盛情邀请，期待你于书中以小见大，看见更大、更远、更多样的世界。

重建"家园"

我们无法左右时代的进程，也不必自怨自艾。我们寒窗苦读的一切，我们经历过的苦乐生活，早已融入我们的血肉与思想，成为支撑未来成长的养分。

我们曾经站在一个相似的起点上，却又因为种种原因而各奔东西。是留是走，都没有绝对正确的评判。希望在这里能让广大建筑学子们，发现建筑圈之外更多的可能性。不管世俗意义上是否成功，要坚信每个人都能在属于自己的领域里闪闪发光，只要你想，任何时候都可以是新起点。

即使梦想破灭，我们也能捡起细碎瓦砾，四散而行，重新建造一个真正属于自己的新家园，赶路的人终究会遇上同行者。

我们是作者，是嘉宾。是故事的主角，也是读故事的人。

"我们"和"你们"一样，我们加起来，就是本书的总和。

欢迎阅读，这本"我们"写给"我们"的书。

肖盈

目　录

第一章　以设计为起点

002　在设计院写转行故事的对照组老鹰：无需自怨自艾于人生的起落

010　设计场景美术的电影视觉师杨子韬：少有人走的路，风景独好

018　勇敢的蛋糕设计师周周：慕斯与建筑学的甜蜜碰撞

027　自我生长的花艺师 W.W：与花同行，向春而生

037　在建筑和新媒体之间反复横跳的阿玺：你比你想象得更自由

046　兼修游戏设计与剧本写作的小张同学：在不断创造好玩内容的路上走下去

第二章　乘风破浪

058　闯入 Web3.0 的肄业博士方块君：如何实现菜市场财富自由

065　爱折腾的产品经理丘山：面对大山有两种结果，在山脚看或在山顶挥手

074　深耕智慧城市的建筑师张开剑：博观约取，厚积薄发

086　在双减政策下做教培的清华建筑生柱子：逆流而上，乘风破浪

094　设计院工作三年转做碳中和的 CZS：努力顺其自然，人生自有意义

102　不听劝的婚礼策划师袁媛：自山归来，去看得很远的地方

115　做求职自媒体的令狐冲：生活嘛，冲就完了

第三章　人生不设限

126　葡萄不愤怒鼓手陈勃翰：要多方位接触非专业领域的新鲜事物

130　热爱定向越野的奔跑者严逊：每个人是自己的第一责任人

138　摆摊卖烧烤的朱照东：做一件大家都想做的事

145　做管理工作的瑜伽师小寒：理性发展才能行稳致远

153　裸辞跨考的奈奈子：不要美化那条你没走过的路

160　卖小吃的夫妻"老李头和小鹿子"：过好每一天才是重要的事情

169　摆脱过去束缚的律师徐世铮：主动认识自己，认识世界

第四章　前辈们说

178　兼职心理咨询师的一级注册建筑师LORI：工作是一种与世界交流的方式

186　做考试培训的省高考状元邢可：鱼和熊掌不可兼得

200　96级清华建筑系莉姐的独白：浅谈自由职业者的修养

212　写建筑师小说的夏至：为什么要等到50岁才做自己喜欢的事情

小编寄语

结语：转行不过是再一次认识自己

第一章

CHAPTER ONE

以设计为起点

以设计为起点，能衍生出多种在原专业能力基础上的职业方向：花艺、策展、电影、游戏……这些行业与建筑的部分交织在一起，相互融合，共同成就了真正的艺术。

在设计院写转行故事的对照组老鹰：
无需自怨自艾于人生的起落

> 嘉宾们总说自己平平无奇，然而在我看来，他们的人生独一无二，闪闪发光。通过他们的眼睛，我看到了更大的世界。
>
> 见贤思齐，笔耕不辍，那是他们的故事。这是我看了他们的故事之后，所书写的我们的故事。

我看见星光，我书写星光

"建走偏锋"的成立是一个巧合，谁也没想到过它能够做到现在这样，成为我工作中透气的出口，支撑我更坚定地生活。

2021年，我的朋友小樱即将建筑硕士毕业，但她选择进入互联网担任产品经理。而以我为代表的本科毕业的同学们已经在建筑行业里工作两年左右了。当我们都被时光推着渐渐成为年轻的新社会人，却发现曾站在同一起点的伙伴已四散而去。

这样的现象让我们产生了好奇，是什么左右了大家的选择？有哪些契机促使大家转行？于是小樱提出想创立一个公众号的想法，看看那些学习建筑的同学们是如何思考，进而选择自己的人生道路。如果说选择转行的她是"实验组"，那我就是坚守在建筑行业的"对照组"，我们不就是建筑学子不同择业观的最佳的搭档和对照吗?

于是,"建走偏锋"应运而生,她是实验组小樱,我是对照组老鹰。那时的我们从 0 开始,想给自己的问题寻找一个答案。

为什么叫"建走偏锋"?它取自"剑走偏锋",只是用建筑的"建"替换了原本的"剑"字。这个成语的原意是指"不走常规,找一些新的、不同以往的办法来解决问题,以求出奇制胜"。建筑学生难道只能沿着既定好的路线在地产或者设计院工作吗?每一个敢于剑走偏锋的勇者,应该都会有一个特别的经历。我们向周围转行的同学们提出了"想要采访他们,听听他们的心路历程,记录下不同人的故事"的想法,大家都觉得很感兴趣,也给予我们最淳朴的支持鼓励。就这样,从身边人的采访文稿开始,我们走出了"建走偏锋"的第一步。

为了保持周更甚至两周三更,从未有过采访和写稿经历的我们,开始了艰难的开拓。我们都还在各自的工作岗位中奋斗,只有每周的周末能够抽时间来采访嘉宾,整理稿件,又在工作日下班的夜晚赶稿,直到第二周的周末才会有一篇成熟的稿件。我们就这样每两周交替写稿,保证了更新频率和稿件质量,支撑了"建走偏锋"公众号至少一年的时间。现在回头看,特别佩服那时的我们,不敢想象我们真的坚持了下来。

作为一个自媒体账号,嘉宾与读者成为我们初期最关心的问题。我们的同学始终有限,开拓陌生的、有影响力的嘉宾素材迫在眉睫。因为害怕缺失嘉宾而断更,我们绞尽脑汁寻找更多的关联内容,发展更多的主题文章,尝试在各大社交媒体上寻觅建筑转行的朋友们。一开始,我认识了许多非常成功的伙伴,有人零经验上岸大厂产品经理,有人本科毕业考上珠三角选调生,有人出国转码过上"10-5-5"(朝 10 晚 5 一周上班 5 天)的神仙日子,他们在转行后过上了优雅又高薪的生活,曾经我以为这是所有转行人的共同目标。但随着文章越写越多，我认识的嘉宾在各种"千奇百怪"的行业绽放光芒，我才意识到，真的有很多人在争取过一种更冒险、未知、追梦的叛逆人生。

公众号创立一周年后，我们新增了栏目"建筑转行一年回访"，回访过去曾采访过的转行嘉宾们，看看他们在人生新道路上，是否又发现了更多新的可能，做了更多大胆的尝试。于是我又看到有人兜兜转转重回设计院，有人上岸长三角的事业编却辞职读博去追寻学术梦想，有人离开一线城市重回东北县城要为家乡建设……如果你看完这些故事连载，会发现原来职业的选择从没有什么一劳永逸的答案。

"建走偏锋"很小，因为错过了图文流量的红利期，它的影响力和其他大型的公众号比起来不值一提；它很质朴，一篇一篇第一人称的记叙文，徐徐展示了每个人生活的隐晦和皎洁。但这里的每篇故事都宛如一棵树摇动另一棵树，一朵云推动另一朵云。无论屏幕前的读者是否是建筑相关从业者，都会从这些故事中得到一些微小的启发，与某位嘉宾产生一丝微弱的共鸣。

"当代设计师的精神疗养院"，这是读者们给"建走偏锋"的评价，这又何尝不是我自己的"精神疗养院"。可能很多人没有想到以讲述建筑转行故事为主的"建走偏锋"，背后的小编之一竟然一直待在设计院，但我相信每个人的经历是无法一概而论的，转行与否只是展示了不同的生活方式。在我的本职工作趋于稳定，生活步入重复和迷惘之时，有这样一个窗口让我透气，和各行各业的人们畅意交流并自由书写，我感到无比的快乐。

借着别人的星光，我看到了更大的世界，也有了几分"大不了就重新来过"的豁达。

我的故事：一个最适合建筑的普通人

我至今觉得我还是适合设计院风格的。从高中开始，我一直认为我的性格富有想象力，又不安于重复劳动，这是方案设计的特质；做事效率高，又耐心严谨有条理，这是工图设计的特质；内向的亲和力、静默的耐力与聊胜于无的领导力，这是专业负责人的特质。这一切都像是预示着建筑设计就是我正确的选择，我可以在此深耕下去，让建筑学成为我长久的事业方向。

学生时代告诉我，我的选择没有错。对于这样一个综合的学科，如何把不好量化价值的建筑设计做得既充满想象力又有清晰的逻辑？如何在紧迫的时间解决最重要的问题？如何受到不同学术派老师的好评？如何充分发挥团队的优势？我对此都游刃有余。建筑生的大学时代是开拓眼界的时代，我去写生，去旅行，去读文献，去研究人类的尺度，去研究社会历史的变迁，建筑学的一切都让我看世界的目光更加深远。

我未曾长久陷于象牙塔之中，学校与社会工作的联结痛点我也考虑到了。由于学院派和实用派的脱节，我知道读研只是用三年换取一个更高的跳板，建筑设计能力还是要在实践中提升。我权衡了个人的时间，再加上国内建筑学研究生的生活并非我感兴趣的方向，我便放弃了保研。在我亲身投入行业之前，我想至少要先去工作看看。

如此的理性思考，让我显得冷静而漠然。在同学们为了读研或出国努力学习时，我跑去各家设计院实习，研究各类设计院的风格特质，排除了不成熟的公司，找到最适合我的那一个。我为此做了诸多努力，当我体会到工作中使用的设计软件还未随着时代的发展更新时，我在大五抛弃了学校那些所谓先进的生产工具，去尝试用社会的工作流程去完成课程学习，只为本科毕业进入职场后能更快适应"落后"的工具。

许多人也对我放弃保研感到不解和惋惜，但我如今依然庆幸当初的选择。因为在我工作后的第三年，也是平行世界里我研究生毕业的时候，那个冬天寒气逼人。而此时的我已早早脱离了象牙塔，也更早地意识到我该去哪里。

我一直都如此自洽，自洽到国内建筑行业的难点痛点对我都不值一提。我的目标如此清晰，所以我并没有经历那种在校企转变时从天马行空到脚踏实地的巨大落差感。我为了踏入社会所做的努力，也让我的学生和工作者的身份转换几乎无缝衔接，行云流水。

我是一个普通人，我就是想成为万千建筑师中那个踏实可靠、兢兢业业为祖国大地贡献设计力量的普通人。我拥有平凡建筑师该有的特质，这让我的职业生涯顺风顺水。事实也是如此，我在设计院工作的这几年几乎没有遇到瓶颈，我离向上更进一步缺少的只是时间和经验而已。

但我唯一低估的一点是，工作彻底侵占了我的生活，封锁了我其他的道路。我本想借此体会更多的人生乐趣，却被我选择的"正确道路"所裹挟而故步自封。后来想想，我所谓的"适合的特质"，取出任何一点放在其他行业深耕，或许也可能会有不错的结果。

心里有光，眼里才有世界

提离职的那天是个周末，我在前往公司的车上，一边听着音乐一边流眼泪。割舍自己本要长久耕耘的事业很痛苦，谁也不知道未来会变成什么样。我相信也许三五年之后，这个行业大洗牌后会回到正轨，会筛选掉裸泳的人，就业环境比现在会好得多。坚持下去，未必没有好的结果。但是我的人生又能有几个可以等待的五年？

我怕我是一时冲动想要结束这种一成不变的生活，我在设计院这四年的工作仅仅也只是摸到职场的皮毛，但我确实需要停下来休息了。人总是行色匆匆，从一个岸边到另一个岸边，未曾在年轻时先停下来看看风景。

我确信生来是为了感受世界的，人生自由的黄金时代不过四十年，拨冗几年去感悟自然与生命之美，是苦痛，是喜悦，是蓬勃的希望，是孤独的眼泪，是血亲之爱，是世界的维系。

二十多岁的人，哪有没迷茫过的？前路的选择太多，想做的事情太多，想体验的事物一直写在记录本上，因为工作太忙，只能想着哪天有空了一定要试试，然后日复一日年复一年，某天再次翻开时，那些想做的事，有的已经忘记，有的已经失去了兴趣。什么时候想到不能再这样下去呢？是直到我发现一些事物很有趣，但我已经没有力气去了解了。新鲜感和好奇心的褪去，是老化的开始。

这是一种细水长流的侵蚀感，是夜晚归家不知所云的眼泪，是再也没有打开的书本和游戏机，是三五个月一次的突发腰痛，是越来越胖的身体，越来越下垂的嘴角，痛苦激素刺激着悲观情绪。寒冬的冷气，终于让人的身体和心理都痛苦不已，选择离开，便也是一件顺其自然的事情。

"可惜了"这三个字很妙，是我听到最多的话。高考分数是可惜的，放弃保研是可惜的，选择二线城市是可惜的，辞职更是可惜的。但是平行时空里那个"不可惜"的我，会过得比现在快乐吗？这是个无人知晓的答案。

生命的本质是一场旅程

离职之后，我开启了一场不知何时才会结束的空窗期，要把我这四年来未曾好好休息的时间全部补上。我看过了这么多的人生故事，也该仔细想想自己未来的路要走向何方。我无法改变身边的环境，只能左右自己的选择。

我在人生十字路口左顾右盼，思考如何做出下一次选择。

我提上了背包，坐上了前往上海的动车。曾经没时间或者没金钱以至于搁置的旅程被重新捡起，现在的我成为最快乐的小鸟，在我最黄金的年纪去看看世界。我去了这几年封闭期后国内最大的动漫展，我和天南海北的人相识，看到了朝气蓬勃美丽动人的世界。学生们也像早上八九点钟的太阳一般活泼热烈，让我不禁感叹青春真好，还好我没有错过。

我带上了我的妈妈，她的视野也将随着我的脚步延伸。我们一起开着车，去到上千公里以外的陌生城市，去看和祖国南端截然不同的城市风貌，去山上，去溪边，去大自然的绿意延伸过来的每个地方。我们在山下的民宿中遇到了五湖四海自驾而来的人们，他们正在环游中国旅行，到每个合适的城市就停下脚步，举手投足间满溢着对每个明天的期待。

我去超市选购柴米油盐；我自己做难吃的饭，独处学习；我抱着我的猫向它撒娇；我和我退休的家人拥有同样的作息：远离工作，脱离了世俗的评价体系，享受来之不易的悠闲的家庭时光。

人们总是无法同时拥有金钱、时间、身体与对生活的好奇心。功利主义导向的思考方式往往使人忘却生命的本质是一场历程，此时这个与整个人生比起来微不足道的空窗期，就是我最好的时间，它宁静、松弛、轻盈又快乐。

走向属于自己的"奥德赛"

在被工作占据了百分百的日子里，我对人生的感知很迟钝，慢慢空闲下来后,我才有空思考我到底要去往何方:是背上背包流入大城市,重新闯出一线生机?还是想办法走入婚姻殿堂,把希望寄托在下一代身上?还是回到沿海三线小城市,陪伴家人度过越来越少的时光?

我前三十年建成的笔直平顺的线性道路,兜兜转转回到了分岔口上。我回到家乡,坐在桥上吹着江边的晚风,看五彩斑斓土里土气的音乐喷泉,走曾经嫌弃过的脏脏的小巷,坐着小马扎吃不锈钢铁碗里的糖水。我坐在小电动车颠簸的后座上,看到我离开家乡的十年间,有的建筑消失了,有的楼房重建了,而我人生最青春的年纪也过去了。

我在海边窗明几净的高档写字楼工作过,在最繁华的城市里游走过,看过落后二十年的贫苦城市,认识了如今散落各地的同学朋友们,也掉进北国一望无际冰雪将化的圣湖中。我浅浅地体会过外面眼花缭乱的世界,最终还是回到了那个生我养我的沿海三线小城市里,此心安处是吾乡。

最后用我春节抽的工作签来结尾,送给现在整个建筑行业和努力工作的人们:"斗大黄金印,天高白玉堂。不因千卷力,安得见君王。"

对照组老鹰

哈尔滨工业大学建筑学本科。

毕业后在国内顶尖民营设计院工作四年,在职期间和小樱共同运营公众号"建走偏锋",离职后在全国各地旅行,偶尔对接散活。

现就职于家乡三线城市事业单位。

设计场景美术的电影视觉师杨子韬：
少有人走的路，风景独好

> 电影是可以真正让建筑学实现建筑理想的虚拟世界。在影视与游戏行业里，设计师可以发挥最大的潜能，完成很多现实中不允许实现的设计方案。这里适合有追求又想实现自我价值的人，抛弃枷锁，拥抱"元宇宙"。

从心向往之到身在其中

我选择的专业和行业，可能和大部分人比起来更像是一条少有人走的路。

我本科时以艺术生的身份在中国美术学院学习城市设计，与工科院校相比，美术学院的风格自成一派，更看重想法与感觉。我学的城市设计会偏向更大尺度下的设计，比如立交桥下、街块与连廊、建筑的灰空间，等等。

本科毕业后我曾想出国读建筑学的硕士，但了解后觉得性价比不高。后来偶然知道有位学姐考上了电影学院，我受到了启发：原来我还可以考电影学院！我在本科有电影相关的社团经验，对这方面也很感兴趣，艺术总是互通的。就这样我开始关注电影美术方向，最后考研到北京电影学院影视觉设计专业的电影特技方向。

可能从城市规划艺术生转行到电影美术，我的转行跨度不算特别大，但我其实在高考后选专业的时候就关注了电影和建筑类方向，虽然开始选择了城市规划，没想到在硕士阶段真的有学习影视的机会，这对我来讲确实是实现了小小的愿望，打开了新世界的大门。

电影学院的研究生都是以实践为主，没有很多课程，甚至一个学期就两门课程。通常都是导师带着剧组来，我们跟着学长做项目这样的模式。因为影视这一行，书上的内容相对比较少，更多都是经验，需要在实践中成长，获得具体的方法。

我曾经在章子怡的剧组做过场景美术。进入剧组的契机，是学校里有位老师来讲座，我表示想要跟着去实习。就这样，我进入了章子怡的《我和我的父辈》中《诗》的剧组。

当时前期的工作是找场地，根据剧本故事找合适的能够改造的村子，有了场景感之后，我需要绘制一些平面图，再找现实中适合改造的场景进行设计。设计过程和建筑学类似，都是绘制平面图、建模、渲染场景图，后期平涂出气氛给导演看。正式搭建前，也要出类似 CAD 施工图，有时也为现场的场务施工做驻场指导。整个过程会有美术指导把控方向，所以新人也不用担心无法适应。

这个经历让我感受到主动才能有机会，我抓住了这个机会，它也成为目前我个人作品集中重要的一笔。

电影学院还有个规定，不论是哪个专业的人，都会有个作业，就是自己当导演拍短片。这样不同专业的人才会真正了解到导演的需求是什么，在未来正式工作中，才能自上而下看待自己的分工任务。

我也作为导演拍摄了属于我自己的一部科幻短片，整个剧组20多个人，导演负责统筹每个人的具体工作，整个组的所有事情都需要我去把握，这对我来讲是个很大的考验。而我因为缺乏经验，总想着自己把所有的事情都做好，对组员不够信任，导致自己非常累。最后拍得还算顺利，成果也比较满意，但是个人体验确实是非常辛苦，也让我对导演这个岗位生出了更多敬畏之心。

导演是一个全能型的角色，前期的准备需要做得非常充分，对每个岗位也要非常了解，这样才能够去指挥大家。虽然我的日常工作是做电影美术，但这次作业对我而言是一份非常宝贵的经历，也让我对行业中的其他的岗位有了更具体的认知。

2022年一整年我都基本没有回过学校，有疫情的因素，但也是因为我们研二研三的课很少，我这一年都在干活儿。我参与了一部院线电影、两部电视剧、三四个广告的工作，整体经历很丰富，基本没怎么休息过。在这些过程中，我会和导演、编剧沟通，也会坐在电脑前画一些图纸。影视行业一般工作时间是早上9点到晚上的11点、12点，也没有周末的休息。但是工作压力不会特别大，白天大家一边聊天一边画图，氛围很开心很轻松。在参与项目的时候，作为学生也能每个月有大概2~3万元的收入，我整体比较喜欢这样的工作模式，对自己的状态也很满意。

电影美术的行业特点

电影美术这个行业，有它自己的特点。

比起传统建筑行业，电影美术更灵活，没有那么多规范，想法创意也可以更加直接。比如平时工作的时候，我们可以直接和导演沟通，给他提意见，其实大家的岗位是相对比较平等的，我们的甲方就相当于是另一种导演，他会有和我们一样的审美，一样的追求，感觉更像是大家一起在共同创作，共同完成一个作品。而在建筑行业，可能很多事情是在一些规范之下去完成任务，整体会更死板，更多时间花在画图上。但电影美术更多时间是在做创意，如果我真的有很多很好的创意，很有可能最后都能被实现出来，比如被摆成布景，或被拍摄出来，都会让我觉得更有成就感。

另外做影视最重要的一点是这个行业对人的要求很高，人脉是最重要的部分。这个人脉并不一定是指原生家庭要有多少背景，而是需要自己去行业中积累。比如我做美术，那我就需要主动去认识一些导演，一些制片，让他们能够在之后的工作中给我机会。这一点很考验人际交往和沟通的能力，可能更活泼更擅长交朋友的人也会更适合这个行业。

而且这个行业的各种项目和工作，都没有一个很公开的招聘平台，基本都是通过人与人之间的联系完成团队组建。一般情况都是一个电话过来：你有时间吗？我们这有个活儿，大概多少时间，多少钱，你感兴趣吗？通过这样的方式，一个团队就被快速组建起来，所以人脉非常重要，甚至远大于技能。不然很有可能偶尔接了一个活儿之后就长期处于无事可做的状态，当然也有很多时候新的工作是因为曾经的表现令对方满意，就有再次合作的机会，这在行业里也是很常见的现象。

然而，由人脉构建起的行业，注定会有极大的不稳定性。

不稳定有一方面是来自大环境，这几年受到疫情影响，影视行业整体处在比较低迷的状态。另外短视频的火爆，也挤占了一些长视频和院线的空间，制作量并不高。很多人在低谷阶段会选择先安身，等整体行情好一些之后再去找更多机会，所以在职场上遇到瓶颈，很多时候并不是个人能力的问题。

另外因为做影视的人大部分是完全的自由职业者，接手了某一个项目后，可能会有四到六个月是有确定的工作的，但是这之后的下一个工作在哪，可能是未知数。有些时候也会有多个项目撞了时间，不得不从中抉择。这是一种很独特的生活方式，可以走遍大江南北，常年在外地工作，有时候因为剧组的原因要去荒郊野岭长待，结束后休息一段时间，接些小活，再进入新的剧组。

因为这个行业整体的收入还是比较可观的，所以可能一年中有一半的时间是在工作的就能保证全年的生活开支，但长期的不稳定性还是会给人带来巨大压力。尤其在事业前期，抗风险能力较低，所以也有很多人会同时做些副业，比如做绘画培训或者考前培训，提高整体抵御风险的能力。

特别的选择，可复制的路径

虽然电影美术听起来酷炫又有些遥远，但在我看来建筑转行做电影美术还是比较顺理成章的。

电影美术这个专业的源头是《星球大战》，美国在拍《星球大战》的过程中才出现了电影每日场景设计，那个时候的场景设计师大部分也是建筑师出身。对于科幻建筑的场景的设计，只是需要一些审美上的增量，但基础仍然是建筑学的知识，建筑学绘图所需要的 Sketch up（以下简称 SU）和 CAD，在电影美术中仍然用得到。电影美术更像是建筑学下分支的特殊工种，做的事情和专业内强相关，只是换了一个行业而已。

我自己在做项目的时候，现场搭建的工作和真正的建筑设计也有些相似，有美术组、施工组、道具组、场务等不同工种，对现场进行配合。我们的工作主要是出图指导，剩下由有现场美术和道具场务等负责完成，这就像是把建筑行业缩小融合到一个剧组里了。

转行进入电影美术行业，我觉得最好的方式还是通过学校。主要也是因为这个行业很需要人脉，工作后即使再掌握技能但没有对应的资源还是会举步维艰，所以在学生时代具备对应的背景、结交到相关的人是最高效的方式，电影学院就是一个很好的平台。

当年我是考研到北京电影学院的，因为当时开设电影美术专业的学校并不多（多为影视类大学），可选的余地其实也不大。考研科目除了英语、政治外，专业课是艺术概论，比如中西方艺术史、电影史等。而后是和建筑快题相当的手画气氛图，水彩三个小时。我当年根据考上的学长们的建议，提前报了相关机构学习，考研也顺利通过。

电影美术专业的考研难度整体并不是特别大，可能近两年才相对难一点。主要还是因为了解这个专业的人比较少，所以并不是这个专业的学习门槛有多高，更多是因为信息差导致大家不知道电影美术这个小众专业。

这个专业考研的同学大部分都是转专业的，因为开设电影美术专业的学校就不多，大量影视类院校的学生本科毕业后会选择直接就业或出国，竞争对手往往都是其他学校跨专业来的同学，包括很多纯理工科的建筑生，老师也不会更偏向本校本专业的学生，所以对于跨考的学生相对友好。另外也有学姐考中戏的舞台美术类，这也是建筑学院很对口的方向之一。

去海外从事电影美术，也是一个不错的选择。不过模式不是去海外读书再回国就业，而是选择长期在海外工作更有优势（原因还是因为人脉）。因为电影美术在国外市场空间更大，比如加拿大、美国等国家，对于影视制作的需求量大。另外海外影视行业实行公司制，还能解决工作稳定性的问题，比如有朋友加入 Netflix，参与当地的剧组，正常时间上班双休，反而比在国内三四个月跟着剧组消失不回家更能平衡生活和工作。而国内目前整个电影美术还是以自由职业者为主，最多会有一些导演和编剧被聘用，其他岗位，比如制作、摄影、美术等，一般不会采用聘用制。

学电影美术之后，我对于行业还是比较乐观的。影视整体是未来的大趋势，虽然目前影视行业在低谷，但是短视频等娱乐是发展的必然方向，影像相关的艺术设计在未来也还有很大的发展空间和潜力。

电影美术专业可选的就业去向也很多：

- 院线工作：多为内部推荐制度，周期很长，也许会是干半年"007"再歇半年，而且初期的项目来源不稳定，中间需要穿插一些别的项目。

- 游戏行业：更贴近互联网行业的作息。未来的趋势和传媒、游戏、元宇宙一类的话题比较相关。

- 广告行业：新人可以走的一条路，在高端的广告公司工作可以接触到一些拍广告的明星团队，被认可之后，有进组工作的机会。

- 教职：因为电影美术在国内也算是新兴的小众专业，属于刚刚开始建设的扩张时期，作为硕士生也有机会加入各大新兴电影学院，2020年至今国内就有江苏电影学院、厦门大学电影学院、山西电影学院、西安（陕西）电影学院等新兴高校（学院）建立，其中有很多高校会直接来电影学院招聘教职。

以终为始地追求生活

对我而言，最重要的是想清楚自己想要什么样的生活，想清楚我能接受怎样的生活和工作状态，这样才不会在某条道路上追求到一半，发现路的终点不是自己想要的；也不至于在纷纷扰扰的工作中，被身边其他人的传奇故事影响自己的判断。

其实我个人一直想追求稳定一些的工作和生活。我最开始选专业学规划是想毕业后回家寻求某个公职，硕士转到影视行业后发觉自己无法很好地适应这种跟着剧组不稳定的状态，甚至还想过退学考公务员。最后毕业时，我选择前往高校担任老师，找到了这个在电影美术行业中相对更适合我自己的工作方向。

对于我来说，电影学院最好的一点就是让我很早就进入社会体验，我在学校的大部分时间都去做了和我实际工作一致的实践，让我更早地真实体验了工作的滋味，也从自己身上和周围人的经历更早认知到内心想要的生活是什么。所以当我听闻有学长一年能够赚两千万这样的传闻也不会过度羡慕，因为这也是他用抢占休息时间的多年工作积累换来的，而我自己更想选择适合自己的方向和节奏，在这条少有人走的路上，探索属于我的精彩。

杨子韬

中国美术学院城市设计专业本科，北京电影学院电影视觉设计专业硕士，细分方向为电影特技。

曾在章子怡《我和我的父辈》剧组《诗》中跟组，作为场景美术实习。

勇敢的蛋糕设计师周周：
慕斯与建筑学的甜蜜碰撞

> 做造型慕斯就像做一个小小的建筑设计，它多变、有趣，尽管可供发挥的尺度仅在方寸之间，但不妨碍设计的思想与内核映射在这一隅之上。

开始都是因为热爱

我本科就读于重庆大学建筑学专业，上学时期非常热爱及享受做课程设计的过程，本科毕业后如愿申请到了伦敦大学学院（UCL）的城市设计专业继续探索。我导师的研究方向非常具有先锋性，课程内容结合多学科领域来探索自然与城市的模糊边界，引导我通过观察一系列实验结果来探究形态的发生和逻辑，并将得出的结论运用到设计之中。

这些学习经历让我非常肯定：我是热爱设计的。也正是因为热爱，我硕士毕业后顺其自然地进入了原先实习的设计院。但大学教育与实际工作其实是截然不同的状态。

还在实习期的时候，我也曾怀疑过自己与建筑工作的适配度，但因为实习周期较短，我对工作中出现的一些情绪和问题没有太在意，也没有想清楚自己的道路。在不断的摸索中，我慢慢认识到，这份工作或许并不是我想要的。

后来的反复尝试

当我意识到建筑设计的工作不适合我时，我并没有冲动离职。我明白自己身上的枷锁，再加上并不确定自己真实的渴求与能力，贸然离开并不是理智的选择。只是在此期间，我开始探索自己真正想要的是什么。可能没有经历过痛苦，便很难直视自己的内心，所以我的勇敢尝试都是在工作碰壁之后开始的。我从"斜杠青年"做起，开始探索我的就业之路。

我的第一个尝试是开民宿。2018年重庆掀起了一股旅游热，成为一个新晋网红城市。当时听说有同事在做民宿，我也心动不已。我先对重庆热门打卡地解放碑周边的民宿市场做了一些调研，接着核算了运营的成本，预估投资回报率还行，风险也可控，便在解放碑附近租了一套房子。这套房子本身有一定的精装，我在确立了室内的风格后，重新做了软装的设计。家具从网上购买，又找了一位工人周末刷墙，其他的细节就是我下班后一点一点布置起来的。我一手搭建的民宿挂上平台之后，没想到仅仅三天时间，就被订完了一个月的房间。一个月后，我被评为了超赞房东。

做民宿很好玩，这让我找到了在学校做设计时的热情，有一个实体空间可以承载我的设计与理念。开始运营民宿之后，我就利用午休时间，前往查看阿姨打扫的情况，也为下一位客人做好相应的准备。虽然它占用了我为数不多的休息时间，但带来的盈利也超过了我的工资。就这样，我利用工作间隙运营民宿一年半。直到后来，市场热度下降，房东不再出租房屋，我才关停了它。现在回想起来，这仍是一段非常难忘有趣的回忆。

关掉民宿之后，我又做了其他的尝试，比如 VLOG 博主。但做了几期视频之后,我就发现自己把这件事想得太简单了。做视频其实非常耗费精力,除了要做好前期的内容策划以外,后期剪辑也很考验功力。我常常剪起来毫无思路,做完的成果并不满意,在这个过程中遇到的困难远远胜过了热情,不久后就不了了之了。

民宿关停,VLOG 博主尝试失败,本职工作带来的不悦不断积压,我的心理状态直线下降,陷入了深深的自我怀疑当中。直到后来,我偶然接触到了"烘焙"。那时的我还不知道这就是我今后会从事的事业。

回想起在设计院工作的两年半里,我时常痛苦又迷茫,所以总忍不住去"折腾",以此来抵御自己在工作上的不快乐,不过大部分以失败告终。但在遇见烘焙时,当我将脑海里的设计灵感变为现实时,一切都好像有了答案。所以如果有想做的事情,就在可以承受的范围内去尝试吧,在这个过程里去倾听内心,认识自己。

甜蜜和理性的碰撞

说起烘焙,我就像大部分女生一样,总是有点兴趣的,但仅仅是停留在意识层面上的喜欢。偶尔看看图片,看看视频,感叹一下美食真治愈。所以在那段内心挣扎的日子里,萌发了以烘焙治愈自己的想法。

但有了这个想法之后,我并没有选择报班进行系统性学习。因为烘焙的学费很贵,我并不确定自己究竟有多大兴趣;其次我也没有选择单纯自学,因为潜意识觉得烘焙的理论知识和实际操作应该有不小的差别,所以我更希望从实践中去学习。

至于是怎么进入烘焙工作室的,现在回想起来,也觉得挺不可思议的。虽然我本身是一个有点内向的人,但我尝试私信了微博上一家我关注了很久的烘焙工作室,希望能有进一步交流。加到微信之后,我鼓起勇气询问主理人能否让我在周末去兼职，但我零基础什么也不会，就表示愿意从打杂做起，不需要支付工资。没想到对方竟然同意了。我非常感谢自己当初勇敢地踏出了这一步。

在不加班的周末，我就去工作室打杂，这样的日子大约持续了三四个月。我主要负责烤蛋糕胚、摆甜品台等简单的事务。但在这个过程中，我看到了一家烘焙工作室运营的流程，看到了产品的生产过程，也看到了这其中不太科学的地方。我会习惯性思考它发生的原因，是否有优化的方式，甚至开始思考，蛋糕设计能否与建筑设计相结合呢？我能否把建筑学的知识运用到蛋糕设计中，让蛋糕变成一个载体，成为我设计的输出方式呢？

从"构造体"到"不周山"

在正式辞职之前，我已经对蛋糕设计和工作室运营有了初步的想法。最开始试水做出来的蛋糕发表在了朋友圈，没想到效果远超预期，反馈也很好。

自此，我辞职创立了自己的第一个品牌——"构造体"，开始踏入了独立蛋糕工作室的大门。由于我一直对中国传统美学在当代的新式演绎很感兴趣，所以品牌的初衷是想做传统与现代相结合的、具有东方美学的蛋糕。借助建筑的思维，辅以设计行业相关的技术（如参数化建模、3D 打印等）来重新看待甜品。

对于蛋糕的外形，我突破了传统蛋糕的束缚，不纯粹追求热闹喜庆的氛围，而是希望蛋糕这个在聚会时最重要的配角，能替主角表达态度，彰显个性，体现审美。而个性、审美自然不仅限于如今市场上所盛行的可爱、唯美风。我相信和我一样有着小众审美的朋友也会面临选择蛋糕的难题，所以我想遵循自己的喜好，设计与众不同的风格，表达另一种态度。

于是一座黑色的山峰应运而生，它孤寂、坚毅，经历风雨却仍旧屹立。"他"是我做的第一款蛋糕，恰好表达了我当时的心情，"他"不说话，但却有着说不完的故事。我给"他"取名"一界山色"，希望人们可以"去山里，照见自己"。接下来的每款蛋糕，都有着属于"他们"自己的故事或内核。例如"一方山水"，"他"探讨山与水的关系，也探究现实与远方的纠葛。我为这个蛋糕的理念着迷，所以即便在研发过程中失败了 n 次，想要放弃 n 次，也努力鼓起了 n+1 次勇气继续尝试。在"他"最终成功时，我想我也看到了自己内心的山水，"山长水远，仆仆来赴"，说的是蛋糕，也是我们自己。不过，以上只是蛋糕与我的故事，其实每个蛋糕在启程送往顾客手上时，才开始真正属于它们的故事，我期待灵魂与灵魂碰撞的火花，也期待真诚与真诚相遇的感动。

关于产品，我们主打慕斯品类的蛋糕，工作流程可能与传统的蛋糕店有些许区别。首先，我们会确立蛋糕的主题设想，做出概念设计后利用软件建模进行推敲，确定造型后联系 3D 打印厂家打印实体模型，接着交由模具厂倒模；与此同时，我们会根据主题进行口味的设计与调试。待模具和口味都确定后，才进入蛋糕实际的制作与生产。

如今，在"构造体"创立一年以后，我们的品牌从"构造体"更名为"不周山"，这也是基于对品牌定位有了更清醒的认知后的决定。"不周山"取自《山海经》里的一座山名，它是一座有力量，有故事，并且具有神秘色彩的山，希望这座山也能给我们带来力量吧。

目前在品牌核心竞争力方面，无论是从客户的反馈还是我们的自我认知上，外形所占的优势会更大一些。在发扬外形优势的基础上，我们也在努力补足自己的短板。最开始的蛋糕口味，全由我这个"野路子"自己捣鼓，如今随着团队的完善，已经有了专门负责味道研发和生产制作的小伙伴，蛋糕在口感上提升了不少。除此以外，我们还与新加坡食品科技公司 Aurora Food 达成独家合作，采用新加坡国立大学专利配方降低升糖指数，满足不同人群特殊需求，在品质的追求上不断进步。

对于未来的发展，我希望这个品牌可以走出重庆。如今我们在成都有了第一个尝试，新店已经在筹备中。我也开始更加注重品牌的宣传，希望通过自媒体等平台，让更多人看到我们的产品。

创业之后的思考

作为一个创业者，虽然我已经做好了面临困难的准备，但实际中遇到的困难往往会比想象中更多。从刚开始不知道如何说服父母，到前期筹备资金，维持资金正常流转，再到如何配置一个理想的团队。每一项都是我作为一个经营者需要认真思考并解决的问题。

刚起步的时候，最大的压力来源于父母的期许。因为从前，我在父母面前一直是孝顺听话的乖孩子。而离开一个体面且稳妥的工作，去开启一场充满未知的创业之旅，就像是一场迟到的"叛逆"。我的父亲稍微理解我一些，而母亲则更加坚守她自己的传统观念，我们谁也说服不了谁。直到现在，父母才开始逐渐理解支持我，当然他们肯定还会心存忧虑，只是这样的观念差异需要时间的力量，我需要时间向他们证明我能对自己的人生负责，我能够将自己的生活过好。

至于前期投入的问题，也曾有人问过我，蛋糕工作室的起步是不是需要强大的经济支持，其实并不是这样。由于当时辞职创业这件事对父母而言，在心理上已经是一种巨大的挑战了，我不希望他们再替我分担经济上的压力，所以初期完全是靠自己之前的积蓄硬扛下来的，以最小的体量轻装上阵，投入的成本并不高。这几年受大环境因素的影响，我也一直在调整团队发展的速度，去尽量降低风险。目前工作室已经可以实现收支平衡，每月进账也会稳定在一定范围内。

现在还有一个亟待解决的问题是，我还没有遇到一个目标一致并且非常契合的合伙人。每个人都会有自己的短板，找到那个能帮你补齐短板、齐头并进的人非常重要。我希望合伙人能对这份事业，与我抱有相同程度的热情，对于未来的发展有着相似的预期，且最好能在营销和推广方面发力，弥补我们当下的不足。目前我们团队总共是三个人，有两位专门负责蛋糕研发、生产的小伙伴，还有一位就是我，负责除生产之外的其他所有事情。也因为成都的小店正在筹备之中，所以即将有两位新伙伴加入我们。现在的团队并不完备，但也伴随着我们工作室的成长在不断完善之中。

我走的不过是自己的路

如果你问我，后悔过吗？我可以很肯定地说，没有。我是一个更愿意享受当下，不太会纠结后悔的人。因为我知道哪怕是回到过去，以我当时的认知和心态，也大概率会做出同样的选择。人生的一些重大转折可能就是在某个平凡的日子就发生了，大学毕业之后，对我而言比较重要的几次选择包括：出国留学、进设计院、离开设计院、成立蛋糕工作室。

第一个选择关于留学，有时候会看到一些关于留学"性价比"的讨论，客观看待这个问题的话，从短期来说，我并没有从事建筑和城市设计相关的专业，的确没有将留学这项投资实现利益最大化。而留学的花费来源于父母，我也还没有赚回来，单从经济来说肯定是亏本的。但就长期而言，我非常感恩这段经历，它极大程度地拓宽了我的眼界，丰富了我的体验，甚至改变了我的某些观念，这是非常难得而珍贵的。

第二个选择关于进设计院，我前面也提到过，这是一个顺其自然的过程，或者说是一种不想走出舒适圈的惯性，我不能站在现在的角度去批判过去的自己，这不公平也不现实，以当年的阅历和心智做出循规蹈矩的选择是很正常的。

第三个选择是离开设计院，这是在我非常确定设计院工作不适合我自己之后才决定的。而我很幸运拥有做出改变，并付诸行动的勇气和决心。

最后一个选择，开蛋糕工作室，这是在我尝试过并且有了比较清晰的想法之后才去做的决定。过去有着稳定的工作，但我内心其实非常迷茫焦虑；找到方向、决定辞职之后，虽然未来充满了不确定性，我的内心反而变得温和而平静了，没有了那么多的内耗，心态也逐渐成长和稳定。这样的变化一方面来源于想要变好的自驱力，另一方面也得益于伴侣的支持，他同样作为一位创业者，给了我很多的鼓励和帮助，很幸运这一路有他的陪伴与支持，以及家人的包容和关心。

人生就是一个不断认识自己，认识世界的过程。我们过去所受的教育更偏向于认识世界，而忽略了认知自我的锻炼，这是我曾经迷茫的原因，也是当下很多人迷茫的原因之一。多倾听自己内心的声音，更加客观地认识自己，探究自己内心渴求的究竟是什么，而不是盲目地被周围的声音所影响。不要过分在意"沉没成本"，因为人生阅历是不能与金钱成本完全等同的，我们过去经历的一切，所学所见所知所感，甚至走过的弯路、摔过的跤，在未来都会成为一种滋养。

我还是很喜欢设计，有太多的点子想在蛋糕上去实现，如今的我结合建筑的思维重新看待甜品，反复推敲每一尺空间，细腻处理每一寸甜度。我期待着建筑与烘焙碰撞出不一样的化学反应，为我的客人们带来别致有趣、甜蜜难忘的美好回忆。

周周

重庆大学建筑学本科，UCL 建筑学硕士。

毕业后在某国企设计院工作两年，在职期间运营过民宿，尝试过做 VLOG 博主，周末去蛋糕工作室兼职。2021 年底全职创业做不周山蛋糕工作室。

小红书账号：不周山 BUJIOCAKE，客服微信：bujiocake。

自我生长的花艺师 W.W：
与花同行，向春而生

> "尽管走下去，不必逗留着，去采鲜花来保存。因为在这一路上，花自然会继续开放。"
>
> ——泰戈尔《飞鸟集》

懵懵懂懂闯进建筑学

我属于专业能力较好的艺术生，高考时美术联考考了第一名，进入了四川美术学院。当时还没有什么专业的概念，画画和设计都挺喜欢，综合分也够高，选择相对来说有很多。正好我的数学立体几何很好，那几年建筑学是热门的专业之一，录取分数又高，我就懵懵懂懂地选择了建筑学。

美术学院里的建筑学与传统理工科类院校相比，更倾向于艺术与思维的表达，老师也更多地去鼓励学生创造出能表达自我价值观念的作品，对于建筑学里解决空间环境需求的关注则会少一些。所以我们经常会收到诸如"你这个建筑没有灵魂，你要做个有灵魂的建筑"这样的评价，其结果也让美院的学生们会创造出许多注重造型和创意的（也可称之为炫酷的）建筑作品。

我很喜欢设计，除了学校作业之外，我还在业余时间参加了各种非建筑领域的设计项目。除了各地旅游之外,得益于学长学姐的介绍,我接触了很多不同的项目资源,包括去做墙绘、礼品包装、酒店装饰设计、非遗改造,等等。其实很多甲方是愿意与在校大学生合作的,一方面是用人成本比较低,另一方面大学生的想法也会更多元化。我当时也利用假期去设计事务所实习过,课余时间持续在带艺考培训班来挣生活费。就这样,度过了充实快乐的大学时光,直到临近毕业,才开始思考要去哪里工作。

在摸索中寻找自己

毕业之后,我在带的艺考班也正值暑假,还没有明确未来发展方向的我,就暂时继续留在了艺考培训班带课。虽然我从没有停止过思考自己未来想要做什么,但这个问题在带完半年课之后仍然没有找到答案。我当时想过创业,但苦于既没有方向也没有资金。如果按照常规的职业发展道路,那时的我应该去设计院了。身边人也说:"你学了五年的建筑学,就这么放弃是不是太可惜了?"我觉得有些道理,毕竟这是我目前最擅长的事,就算以后创业也需要先挣到启动资金,加上之前在事务所实习的经历,我当时内心并不排斥进设计院。

就这样,我进入了西南地区的一个国企设计院。但是我发现,前辈们的工作状态并不是我未来所期待的。

与花艺的不期而遇

我最早接触到花艺是在大学时期,有一次朋友想送花给其他朋友,就在网上联系到一家花店。因为我朋友自己比较有想法,在提了一些要求之后,店主建议我们自己过去搭配,并且她可以教我们如何包装。就这样,我陪朋友一起去了,借此机会解锁了零售花束的制作过程。我觉得这个过程还挺有意思的，渐渐地也和花店店主有了更多的交流，并且成为了朋友。

刚毕业的那半年，我一边在艺考机构代课，一边在空闲的时候去朋友的花艺工作室帮忙。有人说，花艺行业具有疗愈的作用。所以，我想近距离接触看看，这个行业到底有没有外界想象的那么美好。答案是并非如此。真实的花艺行业工作非常忙，我去帮忙做花艺和装置布置，基本都存在通宵工作的情况。遇到花礼需求比较多的节日，则完全处于无休状态。从宣传到平面设计再到花束打板，我都在做。作为职业来说，身体上的劳累甚至比我后一年在建筑设计院的经历还要辛苦得多。

离开设计院后，我便又回到了朋友的花艺工作室帮忙，同时开始系统性地学习花艺的知识。因为花艺师在国内仍然属于一个比较小众的行业，所以我开始从国内外各个平台，大量搜索"花艺""花艺师""花艺学习"等关键词，了解行业的前沿动态，学习了很多优秀前辈的作品，由此我了解到花艺存在非常多的可能性：零售可能是大众最常接触到的版块，还有一些常见的花艺场景布置，比如酒店大堂、售楼处、婚礼等。除此之外，国外会有大型的花艺展览或者竞赛，有些表现手法已经形成了具体的流派，所以花艺的表达方式可以是非常艺术化以及丰富的。

在给朋友帮忙的这段时间里，我还遇到过一个小插曲。当时在麓湖举办了一场建筑行业内的聚会，而我恰好是负责现场植物布置的团队成员。有一位建筑老师来询问我某种花的品种，我们就借此聊了起来。当他得知我是四川美术学院建筑系的毕业生之后，可能表现出了一些失望，觉得我学了五年的建筑学转行做花艺未免有些可惜。老师的想法可能代表了大部分人对于我转行的态度。但直到今天，我仍然不这样认为，也没有为自己的选择后悔过。因为我觉得自己在为热爱的生活而努力，同样是在做有意义的事。

在与花艺行业打交道这么久之后,我终于迈出了新的一步——开始独立做一些花束和装置设计并在朋友圈里展示我的作品。每次设计我都很用心,希望用作日后展示的样板,成为口碑作品。一开始,订单的来源主要是靠朋友接济,但我不愿意消费朋友,更常常担心卖贵了。后来经过同行朋友的提醒,我才明白做生意一定要有自己的准则,即使是朋友,可以打折但也要有明确的定价。我也想通过自媒体来获取一些非熟人的业务,但很显然当时的我可以做出好的作品,但并不能当好一个商人,我还需要去成熟的团队历练。

于是,我开始给一些国内口碑比较好的花艺工作室投简历,因为之前积攒了一些不错的作品,同时凭借着美术学院的背景加持,也在一些机缘巧合下,我进入了业内很有名的一家工作室——The Monster 兽花马。工作室早期以高端花礼定制为主,后来逐渐拓展了高端和进阶花艺培训的业务。所以我不仅要协助打样、视觉出品、摄影宣传、拍照记录、广告发表等工作,当主理人上培训课的时候,因为学生特别多,我也需要从旁辅助,整理材料,解答困惑,了解学生们创作背后的故事。就这样,我在这里度过非常忙碌且充实的一年。

建立自己的独立王国

创业是我很早就考虑过,也必然会选择的一条路。因为之前的工作室在武汉,而我家在重庆。当时身处陌生城市,工作强度很大,但收入并不高。我也考虑过之后在武汉定居的可能性,但依然觉得并不是那么现实。还有一点是因为我与主理人对于未来的想法也开始产生分歧,我们或许可以各自发光再去进行一些合作,但当下并不适合长久地待在一起工作。因此,2021 年底,我就离开了之前的工作室回到重庆。

刚回来的时候,我也收到了一些工作室的邀约。我内心还在犹豫,但朋友鼓励我说:"你不是一直想成立自己的工作室吗?那就去做啊!PUT UP!"于是,我再次鼓起勇气,迈出了这一步。

刚开始给工作室取名字的时候,我想的是"植筑共时"。一方面我并没有完全舍弃建筑这个专业,反而是专业所学的知识在不断地为我提供砖瓦;另一方面,植物是我想要表达的,并且很有感知的东西,这些因素共同创造了我现在的阶段。我就像在建立属于自己的独立王国,同时也在表达自我。

工作室有了中文名字之后,我希望能有一个更有记忆点的、更容易被记住的品牌名。恰好想起朋友鼓励我时说的话"PUT UP",我心想这不正是我此刻的生活状态吗!而且"PUTUP"放在一起看很对称,分开又有着各自独立的意思。它表达了一种向上的精神,同时给人一种实干的感觉,让我不断提醒自己要脚踏实地。

从工作室创立到现在,好像很多事都在匆忙之中就做了决定,但回过头看,我又觉得一切都刚刚好,比如PUTUP这个名字,比如现在的logo。我曾经想象过的、很多美好的东西也都开始一点一点地得到验证。

说回到工作室起步阶段,由于我当时并没有太多存款,也不想给父母增加负担,所以仍然是从最低成本的零售入手。我想得很清楚,虽然重庆是我的大本营,但我仍然缺少稳定的人脉和资源,零售是最容易接触市场的方式,目前我的订单大部分来源于小红书。说来也很幸运,最开始我用自己的私人号在平台上发布了一篇笔记,问有没有甲方可以看看我。因为我当时很想做空间花艺,但苦于没有作品,只能把自己欣赏的一些的空间花艺作品放上去,并表达出我对于"城市入侵"主题的兴趣,希望可以找到契合的甲方。我甚至可以不要钱来做这件事,因为我需要积攒案例。没想到真的有人找到我,我和重庆星光68策划部门的负责人顺利达成了 520 的合作。恰好也是因为当时他们项目资金不足，又正好遇到了我，这次的作品后来也成为了他们小投入大回报的优秀案例。

但我后来反思过自己想要在网上免费接单的做法，其实是不对的，这样你吸引来的大部分人都只是想免费获取你的劳动成果，而对自身发展并没有太大的意义。

从那次合作后，我的小红书也渐渐有了流量。前期就是持续的买花打样，并且给每个作品都写一个小故事。因为我主要做的是定制服务，所以不仅要展示自己的专业度和服务态度，同时要让客人们能感受到他们收获的是一份专属于他们的原创作品。在文案上，有时候我会写和客人之间的故事，有时候会写客人分享给我的故事。我发现这样写出来的内容很真诚，反馈效果也很好，甚至有人因为觉得我文案写得好来找我订花。就这样，来找我讲故事的人越来越多，我也会在听完他们的故事后，对于花艺制作方面提供我自己的想法。带有故事的作品好像又有了全新的生命，我就这样坚守着，不让自己的产品"凋谢"，持续的输出也让转化率越来越稳定。

工作室从创立到现在只有我一个人，遇到忙不过来的时候，就会招聘一些临时性的兼职。可能是我心态好，所以创业至今，并没有遇到过很大的困难，没接触过的事情只要愿意去学习和了解，便会发现可能也不过如此。在零售方面，慢慢和不同类型的客人接触多了，我对于不同性格、不同诉求的客人都可以比较轻松地应对。同时，我也接了一些空间花艺的项目，知道了该如何以一个专业的身份去面对甲方。

空间花艺的流程和零售其实差不多。先和客户对接，了解他们的目的、主题、想要什么样的感觉，以及会出现在哪些区域，再和他们交流我的初步想法。进入设计阶段后，前期我会给他们一些参考图进一步确定客人的想法，然后根据客户的需求画一些效果图。因为对于客户而言，所见即所得，他们可能并不能完全想象效果落地的样子。参考图通常经过后期处理会比实际效果更好，而如果现场达不到这样的效果，客户就会产生失落的情绪。在和客户确认过点位和设计之后，我会根据面积长度计算用花量，给客户报价，然后提前一天去花市拿花，醒花。最后和客户敲定时间入场制作，整个流程就完成了。整个周期大概也就 3~4 天。

如果遇到体量比较大的项目，特别是当我一个人而且现场没有人可以帮我的时候，我会提前把现场的流程在内心预演无数遍，准备好每个环节需要的东西，提前规避掉一些可能发生的问题，所以项目上也没有遇到过什么困难。焦虑的部分可能集中在担心找不到下一个项目，以及对于未来的具体规划上。但我坚信着，事情是一件一件做下去的，总体来说还是我心态好吧。

和 PUTUP 一起向上

PUTUP 诞生在一个小小的公寓楼里，楼上我用来居住，楼下便是工作室。但马上我要搬到一个新的工作室了，它在小区里，还有一个很大的露台。我也将开始培养自己的团队，计划扩充至 2~3 人。之前并不是不想搭建团队，而是一直没有遇到合适的团队成员，来应聘的人或许是出于对我作品的认可，或许是出于对这个行业的兴趣，而聊到未来规划的时候，他们可能并没有想清楚或者与我对自己品牌的规划方向不同。团队成员其实很需要眼缘，最近我也遇到了比较心仪的候选人，准备进行进一步的沟通。我很清楚一个人的精力实在是太有限了，单打独斗很难成事，比如我如果想要拓展新的平台，即便有流量我也无力接待。

未来，在尊重市场和客户需求的前提下，我希望拥有更多自我表达的空间。我以前常常会记录自己的梦境，因为我觉得自己的梦很奇妙也很有趣。我甚至开过一个公众号记录我的梦，那里就像是属于我自己的一个梦想世界，当然这是很个人的，没有什么商业价值。现在，PUTUP 就是我梦想里的一部分，它给了我一定的自由度去表达自己的想法。后续，我希望花更多的精力在搭建和宣传品牌上，为顾客们打造一种带有花香的生活方式。

现在回头想想，我选择了花艺，但并不是把花单纯地当作花来看待，它是元素，是媒介，是构成装置艺术作品的一部分。和纯粹的装置设计不同的是，它是有生命力的组合元素；与空间设计结合在一起之后，它是具有时间维度的、永远在自我生长的作品。

追求更热烈的人生

我并没有比较过建筑设计和花艺设计本身的意义,更多的是在思考未来。如果问我放弃了建筑设计是否觉得可惜的话,我还是不会觉得可惜,这只是个人的选择而已。我内心是感谢建筑学教育的,它培养了我对于空间、对于生活的感知能力,同时锻炼了我整体的把控能力。

外界环境一直浮浮沉沉,当我做了自己想做的事情之后,遇到困难时,我会更积极地寻求解决办法。我常常畅想几年之后我在做什么,对未来的期许也让我不再纠结于过去,不管自己现在的每一个选择结果是好是坏,我都可以接受。特别是经过这几年的历练,给了我很大的信心和勇气,就算后面不再做花艺设计了也没有问题,从头再来也没有问题,每一段经历于我都是宝贵的沉淀。

有人喜欢安稳的生活,而我就属于比较爱折腾的,我会想或许跳一跳,世界就改变了一点呢。我想要活得热烈一点,那样这辈子才算值了。我属于对金钱欲望不太强烈的人,收入能够满足我的生活需求就可以了。但在创业前两年,让我很担心的一件事是,如果家人生病或者有其他着急用钱的需求,我没有金钱上的抗压能力怎么办。现在,我不仅可以专注地做自己热爱的事情,同时现金流地慢慢好起来了。

我很喜欢建筑,当我在模型里游走的时候,就会想象着建成后使用者的感受,这让我觉得很幸福。现在,我选择了做花艺,和客人们一起分享着关于花的灵感和故事的时候,我也很幸福。所以,抱着纯粹的心去做好一件事,去追求你想要的东西,无论怎么样都好。不要一味被大环境裹挟,在浪潮来临之前找到自己,这个太重要了。

和花在一起的日子我很快乐。从过去,现在,到未来,我都没有后悔过。

W.W

四川美术学院建筑学本科。

毕业后在某国企设计院工作近一年，裸辞后做半自由职业：接室内设计、花艺设计，去朋友花艺工作室帮忙。

2021年初加入 The Monster 兽花马花艺工作室，2021年底自创花艺品牌 PUTUP 噗嗒噗嗒。

在建筑和新媒体之间反复横跳的阿玺：
你比你想象得更自由

> 你可以做出任何选择，只要能为其负责。希望我们永远不要失去改变现状的勇气和解决问题的能力，因为，你比你想象得更自由。

建筑理想，那枚小小的种子

我从小就是一个"活在自己世界里的人"，很不好意思地说，至今还是。

小学时，我在视频中偶然看到骨瘦如柴的非洲小朋友住着破破烂烂的房子，我一回到家就和妈妈说："我将来一定要成为一名建筑师！去给非洲的小朋友建漂亮的大房子，让他们也能过上幸福的生活！"很感谢妈妈，没有扑灭我的小小梦想。

那时，我和同学们都住在深圳条件很一般的房子里。语文课上有一项作业是写一封信，我写给了万科集团董事会主席王石，希望他能多建一些性价比更高的房子，让更多同学也能有个漂亮的家。虽然不知道王石老师有没有收到我的信，但真的很感谢他愿意第一个站出来，开始建设保障性住房。

高考后，妈妈极力反对我一个女生学建筑，希望我能选择药学或者师范，但我的志愿填的只有建筑学和工业设计，其他的都没考虑。最终，我如愿以偿，从中国最南端来到了中国最北端的一所学校。

我松了一口气，也终于学到了我朝思暮想的建筑学。

面对现实，我们能做的还有很多

美术功底方面，我并没有接受过正统的美术训练，唯一相关的经历，是学校大一大二时的水彩课和素描课。

设计灵感方面，回看我低年级的作业，会发现我的作业多为简单粗暴的"具象化"设计，方案和图纸，我都只停留在略知皮毛的阶段，对设计的学习也感到一丝迷茫。大三时，我跟同乡的"大佬"组队，认真画图，偶尔通宵，疲惫却快乐——为自己真的学到了东西感到无比欣慰。我好好上课，请教身边的老师同学们，认认真真地"偷师"学艺。一年的努力有时确实比不上别人三年的积累，说不气馁是假的，不过也还是要继续坚持。

除了专业学习之外，我还在社团活动中找到了自己的小天地。我当上了校广播台网络宣传部部长，写下了第一篇阅读过千的公众号文章，运营着千人关注的校广播站网易云播客，也悄悄做了个自己的播客，粉丝也慢慢突破了三位数。我认识了很多别的专业的小伙伴，也找到了交心的好友。

大四上学期，我在老师的设计工作室帮忙。国庆假期时，我每天早上六点半起床，一直到晚上十点才能休息，这次实习让我认识到了建筑行业的高强度，也开始面对每个建筑学子都会面对的，那些老生常谈的问题：学建筑设计真的需要天赋吗？

再回头看，我认为学习建筑设计确实是需要天赋的，但天赋不是充分必要条件。对任何专业来说，有天赋的加持都会更好——但没有也问题不大。

我自认为是一个非常没有设计天赋的人，但我的图画得比较好看，同时在设计理念方面较有优势，所以在求学时的成绩还算看得过去。不管是平时作业还是竞赛投标，图面美观确实可以把整体印象拉升一个档次，至少能让评委老师们更愿意看下去。

之前有幸听南京大学建筑与城市规划学院教授鲁安东的一个讲座，他提到过一个观点，大意是，"做好一个设计是一件很难的事，但只要你用心，把图画好看是一件不太难的事"。我不是在鼓吹大家轻设计而重图面，而是想说，在尽了全力后，如果设计水平仍然难以提高，但还想得到更好的分数、拿到更好的 offer，面对现状，我们能做的还有很多。

我认为"短板理论"在当今社会已经不是那么适用了，因为人们学会了合作。进入工作阶段会发现，公司需要的不仅是有设计天赋的人，擅长执行的人、专攻商务的人、懂得管理的人，这些人才对企业来说也都非常重要。如果你在建筑设计上不够有天赋，完全可以在建筑行业中除设计岗位外的其他位置上，实现自己的价值。

关于天赋和努力的关系，我很赞同爱迪生的"天才就是百分之九十九的汗水加百分之一的灵感"这一观点。但这百分之一的灵感，不一定要点亮在建筑设计上。

如果有实力，不管是经济方面还是心理方面，我都非常鼓励所有人去寻找自己的那百分之一的灵感；如果还没有找到，也不要羞于需要先解决自己的生存问题而自怨自艾。人有机会多看看外面的世界，不要放弃寻找和探索自己想要的东西，这样就很好了。

择业前的多元尝试：有关建筑的一切

大五期间，我被深圳某大型设计院录取为实习生。当时非常幸运，遇到很多同校的前辈带我，"老大"对我也十分关照，我每天都安全感满满。虽然有时也要熬夜加班，但我并没有感受到别人口中那样的艰难。有认识的人在，每天的工作就像在学校一样打打闹闹，开开心心，画着图时间就过去了。

体验了大设计院的生活后，虽然基本满意，但我的心中还有些犹豫，希望能继续在行业内其他类型的企业实习，通过较小的试错成本，做出未来真正适合自己的选择。

回校之后，我一边做毕业设计一边继续找实习机会。毕业设计期间，我又进入了一位直系学长的建筑事务所实习。事务所的氛围和大型设计院非常不同，外加我的"老大"就是我的学长和他原来的同事们，他们让我体验到真正热爱建筑的人是怎样的状态。

事务所里到处都是建筑相关的书：《伦佐·皮亚诺工作室作品集》《库哈斯建筑集》，全是精装，对于读书爱好者简直是天堂。每次画图画累了，我就会趴在学长们的桌子旁看书，非常解压。遇到任何不懂的问题，也会马上跑去请教他们，他们也会非常真诚耐心地回答我。我每天都会缠着他们给我开建筑设计小讲座，看到好玩的书和案例也会和他们分享。

他们三位是我建筑生涯上的灯塔，每次我觉得累了、撑不住了的时候，想起他们我都会觉得心头一暖。一想到建筑界还有他们三位那么热爱建筑学的学长在倔强地坚持，我就充满了前进的力量。在事务所经历的一切，终生难忘。

一位学建筑的前辈曾对我说："哪里有人可以解你的惑，就留在哪里吧。"我觉得，哪里让你觉得很舒服，并且还有能解你惑的人，就留在哪里吧。

但我还是不想放弃体验不同方向的机会。在找工作时，我不仅投了建筑行业的设计岗位，也投了部分美术馆、博物馆的相关职位。非常幸运，我收到了深圳一家国营美术馆的邀请，并约定好在毕业时去做馆藏与展览专员。

在美术馆中，同事们都非常温柔精致，精气神也很饱满。我涉及的具体工作包括：收集参展画家作品、通知获奖画家并颁发奖品和证书、参与讨论收购价格、整理馆藏作品、去展览现场关注布展情况，等等。不忙的时候，也会帮忙做做海报和证书的设计，遇到自有展览，也需要当临时讲解员。此外，遇到好的展可以"翘班"去看，顺便听厉害同事讲解。

门槛方面，专业策展人的起点还是很高的，需要有人脉促成艺术家的展览，也需要强大的场地布置能力和控场能力：挂画的方式、打光的角度、画的位置，都有各自的讲究和说法；强度方面，美术馆内的很多事也会请外包公司帮忙，工作强度相对不高，时间比较自由，可以看感兴趣的书、看大佬画画、和同事谈天说地；待遇方面，包吃包住，节假日都会有福利，但整体薪资较低——这也是我离开美术馆的主要原因。如果你问我，喜欢这份工作吗？我一定会说喜欢——如果没有生存压力的话。

很多人说想做一份"喜欢的工作"。"喜欢就好"能实现，但实现的门槛也挺高的。初入社会，深圳的高房租、高物价让我也确实感受到美术馆的工资不足以承担这些压力，我还是需要先为生存考虑。

后来，我回到了事务所学长原来待过的设计大院。在这里，我能够系统地学习基本功，熟悉设计的全流程，了解大型建筑企业的经营模式，也有很好的资源和平台，能认识到各个学校、不同年龄阶段、不同岗位的同事。我觉得我正在做我"应该"做的事，为成为一名像三位学长一样优秀的建筑师努力，同时能攒到钱。

即使在当下的网络或现实世界中，离开建筑行业、离开设计院的声音很多，但实际上，还是有相当多人选择了留在相对稳妥的本行业。毕竟考虑现实生活，技能有可用之处、收入还算过得去，以及与不确定的转行成本和未必适应的陌生环境相权衡，留在或回到设计院，未必不是一个好的选择。

当然，在这段工作期间，只要有时间，我还是会往各大展览跑，心生对于艺术与媒体向往。

半年后，我离开设计院，前往了一家建筑新媒体公司。我不后悔自己的选择，并坚定地对其负责。我们在一路边走边看中学习，在选择中成长。

离开设计院，主要有以下三方面的原因。

第一是身体状况欠佳。我本身腰有些问题，不能久坐，而在设计院久坐是常态，导致我非常可观的一部分时间和金钱用在了看病和理疗上。在这样的情况下，我开始考虑转型。

在进入社会之前，有前辈建议我在每家公司工作的时候，都可以观察一下公司的组织架构和经营模式。在事务所和设计院的时候，我就观察到，我所了解的大多数公司的管理层多分为商务对接、人员管理和方案技术三个方向。进入设计院以前，我希望自己能往方案技术的道路上发展，但后来一方面感到身体和精力无法支撑；另一方面，通过接触负责对接和沟通方面工作的领导，我发现自己对这方面比较感兴趣。我算是和谁都能聊得上两句的人，所以想往这个方向试试看。

第二是我在设计院工作的时候,也有幸跟着其他建筑新媒体的小伙伴一起做过一些建筑界的活动采访和建筑行业的大佬访谈,通过这些渠道,我能了解到建筑行业最新的动态。我本身还是非常喜欢建筑学的,当时有非常多的问题希望能借着采访的机会请优秀的大佬前辈们答疑解惑,建筑新媒体是一个很合适的窗口。

第三是出于对专业的热爱,我也想发挥自身所长,去挖掘一下建筑行业的运行逻辑,深入探索行业现状及问题,为自己和同行者打通一点信息壁垒、点亮一盏指路明灯。

就这样,我加入了建筑新媒体公司。目前我所在公司的主营方向,包含建筑竞赛和招标服务,以及行业内项目及资讯的发布。时间方面,加班不是很多,基本过着朝九晚六的生活,偶尔项目急,也会有加班到很晚的情况;工作内容方面,我主要负责公司的公众号文章推送;薪资待遇方面,总体较设计院低。身体感觉很"佛系",但心要比在设计院时累得多。

新媒体公司的行业现状

相较设计院而言,从事建筑新媒体行业的优势主要有以下几点。一是加班时间少了,休息的时间相对多了,认识很多跨界的建筑师朋友们,会发现大家也在为努力脱离困境而不断努力着。二是认识了很多建筑行业的前辈,包括设计方、甲方、政府方和一些同行,没有原来那么社恐了。我能采访原来崇拜的建筑偶像,并和他们一起吃饭唠嗑,心里很开心;见了很多世面,参加了一些大型的活动和会议,通过与各方人士接触,视野开阔了很多,出差期间也有了更多之前不曾接触到的体验。最后,目前做建筑媒体行业的人相对较少,竞争没有那么激烈,自由度相对较高。

当然，也会有一些行业缺点。首先体现在薪资有所降低，虽然工作的时候"光鲜亮丽"，但难免会囊中羞涩。即使个人时间多了，但由于经济原因，我有很多计划着转行后想做的事情现在也还没实现；二是晋升路径较窄，因为业内公司多为中小型企业，且内部多为扁平化管理、管理层人员相对稳定，会面临新人升职没有"坑位"的问题；另外，我偶尔也会感到孤独，由于工作带有保密性质、建筑新媒体行业的从业者总体数量较少，有时遇到困难不知道可以和谁聊，与之前的同事朋友交流也会减少。

理想主义与现实主义，不是单选题

很多与我同龄、刚工作一两年的职场新人，都会有一个共同的感想——认为自己目前的职业道路是错误选项，并对未选择的路抱有很大遗憾。但实际上，不管选择哪条路，都会遇到各自的问题，关键是需要理清不同行业和不同领域的优缺点，并且想清楚自己更能接受哪一方面的限制。这是我认为的一个关于"如何做选择"的方法论，即"对自己的选择负责"。

美食家蔡澜老师每年都会在微博开启一段限时提问，其中有一个问题让我印象深刻。一位粉丝向他提问："我觉得我好差，什么事情都办不好，该怎么办？"蔡澜老师回答："那你就每天夸自己，暗示自己，我很棒，我什么事情都能干好，不就好了吗。"我一想，是啊，为什么不这样呢？

一些心态上的转变，虽然不能给生活带来一些实际性帮助，但至少能让我们每天的心情好起来。跟同事能轻松地唠嗑，跟甲方能笑眯眯地聊天，在日常工作中尽量在大多数时候能保持好心情，就已经很好了。

虽然我才进入职场不久，未来的道路仍未明晰，但我还是希望能给建筑学子们一点信心。任何一项技能都有其可发展的道路，任何一个方向都有其可深耕并获得成就的可能。

每个人都会找到适合自己的工作。无论转行或留下，不后悔地去做吧。但请一定要抱着对自己负责的态度——你可以做出任何选择，只要能为其过程、其结果负责。

希望我们永远不要失去解决问题的能力和改变现状的勇气，你比你想象得更自由。

阿玺

2021届"双非"普本建筑学毕业生。

本科阶段在深圳某大厂设计院、深圳某原创建筑设计事务所、深圳某国营美术馆实习。

秋招回到设计院，工作半年后离职，如今在建筑新媒体公司从事新媒体编辑的工作。

网易云播客：李尔王的食道卫星，时不时分享一些最近倒腾的事儿。

兼修游戏设计与剧本写作的小张同学：
在不断创造好玩内容的路上走下去

> 正是因为对设计的热爱和期待，让我无法满足于建筑师的现状，即使在另一个领域从头来过，我也要寻找"做设计的意义"。

和建筑学的恋爱长跑

老实说，一向没什么人生规划的我，在大学以前还没怎么认真考虑过未来要干什么，这导致我在高考之后一夜解放，一头扎进了"种草"三年的游戏中，至于参谋志愿的工作，就顺理成章地落在了家里的"狗头军师"我爸身上。

由于从小培养的美术特长，加上还算可以的理科成绩，当时的我对艺术和理性结合的设计类专业表达出朦胧的兴趣。于是身为土木工程师的我爸成功"忽悠"我填报了建筑学。后来有一回他在无意中透露，撺掇我报建筑系也有那么一点私心，希望以后我俩之间能有聊不完的话题。

入学后，我和大家一样开始了与建筑学漫长的"恋爱长跑"：大一抱着图板往返于专教和寝室，大二大三带着电脑在模型室通宵出图。熬夜就像一种行为艺术，我落魄且执着地享受着一种精神上的

"愉悦"。高年级时为了准备作品集申请出国,我也参加了一些概念宏大的设计竞赛。每次设计的一开始无外乎要分析一通社会热点,试图用建筑的干预来解决那些社会顽疾。或许大家心里都清楚,建筑讨论的太多,而能做的却太少。但包括老师在内,我们都不约而同地让自己处在一种假定成立的强大信念感当中。

其实对于一个热衷于创作的人来说,只看眼前,那种设计训练无疑是快乐且纯粹的,同时它能带给一个学生世俗意义上的奖励,何乐而不为呢?然而临近毕业,在一边专心搞作品集的同时,我在学长创办的建筑工作室体验了一段时间的实际工作,并跟进了几个小项目。职场和校园的二者体验是相当割裂的,我开始思考自己究竟在为了什么做设计。

我是个比较"轴"的人,这个灵魂拷问始终在我脑海里有待解答,那个时候我还不肯承认,这世上有些问题,根本就是没有答案的。

累了就先开个小差吧

本科毕业之后,我拿到了香港大学的硕士录取通知,期待着在更前沿的建筑教育中寻找答案。在毕业的三个月假期里,我幸运地赶上了剧本杀这个新兴行业的崛起,在体验了几个神本后大呼"真香",无处安放的灵感一下子找到了喷发口。

我想,为什么不自己动手试试写呢?反正也不用写代码懂技术,只要脑子里有故事会打字就行。

闭关了两周,我写出了我人生中的第一个剧本,本来没抱太大期望,只是在投稿前先找了门店的朋友测试了几次,没想到游戏体验出奇得好,甚至多次目睹推理出真相的玩家激动地拍案而起。我在建筑行业里兜兜转转求而不得的反馈,在这个出其不意的瞬间地被点亮了,几乎一眨眼的功夫，作者与玩家就读懂了对方，双方都激动得无以言表。

我忽然意识到，对于一个缺乏信念感的创作者来说，根本不需要所谓的专家把他的作品吹捧得多么高大上，而仅仅只要一个圈外人读懂了它，他立马就能找到自己的价值。

如今想来，那大概就是我第一次尝试着独当一面地设计一个"游戏"吧，就像是在黑暗中捣鼓一个精心设计的惊奇盒子，只有在打开的一刹那（见玩家的时候）才能得到验证，在此之前谁也不知道它是薛定谔的有趣还是无聊，期待玩家反馈的过程真的非常刺激。

说回剧本杀，当时我可以选择的方向主要有两个，一是与剧本杀的线下发行合作，二是向线上平台投稿。虽然前者的收入更为可观，但需要花费大量的时间参加各大城市的剧本展才能得到及时的反馈，这对于当时即将去往香港读书的我来说显然不太现实。线上平台具有非常完善的评论系统，我可以随时看到玩家对我作品的评价。于是我选择了后者，并且拿到了人生当中的第一笔意义不菲的稿酬。

就这样，读研究生的两年，我断断续续处在这种活跃的创作状态中，剧本的收入也随着质量的提升水涨船高，不久后顺利签约成为平台的兼职作者。回想起来，在我整个人生的进程中，那也是相当幸福而值得铭记的一段经历。当时在香港大学的朋友，乃至我的家人都会专门组局来体验我的剧本，我也通过平台积累了一些"粉丝"。

我自知不是一个篇篇都是好作品的作者，多数称得上"出色"的作品也都是很多年积淀后一次必然又幸运的"井喷"，很快将再度进入更久的"休眠期"。不过正是这段经历，让我确定了以后要在创造"好玩"的内容的路上继续走下去。

"骑驴找马"进行时

就这样,我转变了本科时好好学习年年拿奖学金的人设,在研究生阶段变成了一个"更灵活"的斜杠青年。甚至在第二个学期的时候,我还争取到了一趟去北欧阿尔托交换的机会,过了半年"佛系"的人生。回来后才从朋友那里了解到,在我交换的半年里有位研究游戏和 VR 方向的客座教授来香港大学带了团队。而非常遗憾的是,鱼和熊掌不可兼得,选择了佛系北欧生活的我错过了那次宝贵的学习机会,以至于后来在转行后正式用引擎做游戏,都是靠自己摸索的。

硕士毕业在即,周围的同学都开始陆续找工作。但我向来都是后知后觉的,我的求职一直拖延到五月。那时周围打算转行的同学大多都在往地产方向努力,直到听说一位朋友在面试某互联网大厂的运营岗位,迟迟拖着没找工作的我这时才受到了启发:原来不一定非要选择设计院和地产,隔壁一片大好的游戏行业也有不少岗位可以尝试。有了目标后,找工作的热情也随之而来。

首先要做的是了解行业信息和自我评估。众所周知,游戏公司里有策划、程序、美术和测试运营这几类岗位。

对于建筑学生只能先筛掉有技术门槛的程序岗。美术岗一般分为 2D 和 3D,下面又细分角色和场景。也许很多同学觉得可以试试场景建模和地编,但实际上不同行业有严谨的设计规范,即使学会了 3Dmax 和 Maya,但在资产管理、控制面数、制作通道图等生产管线上都是另起炉灶的一套新东西,想在短时间之内竞争过美院对口专业的毕业生是相当困难的。即使是从小学习美术的我,也放弃了考虑美术的岗位。至于策划岗之下又细分有数值、系统、文案,有的公司会根据项目另外设立战斗、关卡、执行策划等。关卡策划最初确实是我梦想的岗位,听上去和建筑学很对路子。国外也有一些重视地图关卡的工作室专门设有建筑出身的 level designer。比如宫崎英高就聘用了建筑师来辅助设计魂系列的地图，乔纳森·布洛（吹哥）也与建筑景观团队合作设计了《the witness》的地图。

然而，现实却是几年前国内的大多数手游是没有"关卡"这个概念的，有关卡的项目大概率也是由其他资深的策划转岗，没有多少校招岗位，所以投放到招聘市场上的岗位十分稀少。考虑再三，加上之前积累的剧本杀作品，我打算"曲线救国"，将简历往文案策划的定位上包装，也首选了以内容创作为主的游戏公司。

在经历了几轮的笔试和面试后，最终我选择了一家向往已久的公司。在笔试的内容（命题场景设计剧情，写立绘对话等）中我展现出相当高的岗位匹配度，面试中也和制作人聊得十分投缘，一切都朝着顺利的方向发展着。

两年过去了，如今回想起来，那时的我处在一个十分闭塞的信息茧房里。当时建筑学转游戏行业的人还寥寥无几，没有多少前辈的经历可供取经，纯粹是依靠着手头的碎片信息做出了很多"头铁"的决定。比如我的硕士毕业证日期是 12 月的，完全可以参加下一年的校招，接受应届生系统的培训。而我却迫切地接受了一个小厂文案的社招职位，凭借着一腔热血野蛮生长，走出了自己的一番野路子。

弯路走了不少，但我并没有后悔，反而我十分感激当年那个一腔孤勇的自己。

意外开启了关卡设计的职业生涯

正式成为一名文案策划后，我开始以每周万字，相当于两篇短篇小说的产量持续输出内容。

事实上，除了一些非传统的独游，国内文案策划的工作内容与游戏自身的核心机制是比较割裂的，而那些游戏性高度依赖于剧情的作品（比如《疑案追声》）其核心内容反而是制作团队反复推敲而成的。而我从创作剧本杀时就已经明确——我想做的，不是成为一个好的写手，而是做出好玩的游戏。

所以，我利用周末和下班的时间向团队的首席游戏图形设计师请教学习，主动帮原画姐姐分担了一些卡面的工作，帮主线剧情画线索地图，和系统策划共同合作了推理系统，我不是仅仅将自己局限在"文案策划"的岗位上，在工作之余我期待着挖掘出自己更多的价值。

2020年末，因为不断在领导面前展示自己的意愿和能力，我被委任为一款独立游戏的关卡策划，在一个试验性的小团队里负责设计地图原型，搭建白盒模型在引擎中验证玩法。兜兜转转，我终于找到了机会从事我一心想做的关卡设计，这对于当时迫切需要找寻职业定位的我来说，无疑是一个非常宝贵的契机。尽管我即将面临的是一款玩法完全创新、商业模式无从参考的游戏，尽管这个从无到有的过程将面临太多的不确定性。

于是，在接下来的一年半里，我作为一个小项目的核心策划之一，经历了多轮玩法的验证和地图原型的迭代，几番起起落落，甚至还一度因为方向不和而经历了几位核心成员的更替。在几度推翻重来之后，终于在2022年，我们确定下了基础的玩法和小样，正式投入到资源铺量的阶段。

在这个过程中，许多周围的亲人朋友会对我所做的事情持怀疑态度，即使行业内的朋友也忍不住关心和询问项目的未来。诚然，就连我自己也必须承认，一款游戏就犹如一个多人参与制作的、体量更加庞大的"薛定谔的盒子"，它比起我从前一个人做的"小盒子"沉没成本要大得多。而在茫茫众多成熟的商业项目中，一款独立游戏更像是资本洪流中一朵不起眼的小浪花。它的命运几乎是九死一生，而作为个体成员的我们，个人发展更是面临着极大的不确定性。

重新开启副业，抵御"不确定性"

于是，在项目进入稳定的产出阶段后，我重拾了创作剧本杀的笔杆，打算以主观能动性对抗外界的不可抗力。

老实说，产生这个念头也并非一时兴起，从2018年剧本杀在国内兴起以来，一直在香港上学的我并没有机会体验太多的线下本，印象深刻的本子也只有在假期玩过的《蛊魂铃》《豪门系列》这些老本，错过了不少优秀的作品。而毕业后回到深圳工作的我，基本上会以每周一本的速度去积累素材。

时隔一年重拾剧本，我惊诧于这个行业发展之迅速，单就当下大火的推理本，就和当年的老本不可同日而语，更别说这两年兴起的其他品类。因此，要跟上一个处于井喷期的行业的发展速度，必须付出更多的努力和思考。

另外一个契机是2021年底的时候，香港大学的朋友分享给我一个建筑跨界剧本杀的竞赛链接。我们召集了已经工作和还在校园的学弟学妹们参加了这场竞赛，并借此机会认识了主办方一些才华横溢的小伙伴，甚至还拿了一个最具投资价值奖。

而我也在积累了这些资源之后再度执笔，与"玩出花漾"和发行团队"稚剧堂"共同创作了一部线下商业剧本《罪恶演绎》。中间艰辛而快乐的过程就不再赘述。最终，经过了将近一年的创作、测试、修改和宣发，在大家共同的努力之下，《罪恶演绎》终于在2022年的12月上线销售，截至目前在全网的各个渠道卖出了800本的好成绩，在店家中也积累了一定的好口碑。

从某种意义上讲，选择剧本创作这个副业，除了多一条路之外，对我而言更重要的在于——它能够更快速地得到玩家的反馈，更快速地验证我对"游戏性"的理解和设计能力，这无疑是一个游戏策划的核心价值。

可偏偏在一个动辄两三年的游戏项目里，设计师验证自身价值的周期太过漫长。除了始终保持着强大的信念感，至少得做些什么，才让自己不断相信自己是一个能够做好游戏设计的人。

拥抱游戏行业的变化

2023的开年，迎来副业收获的同时，我们的独立游戏项目也迎来了一个不得不去接受的结局——项目生不逢时，正好赶上某竞品游戏大火，加上种种自身的原因，在市场中并未溅起一片属于它的水花。紧接着，公司也不得不迎来一系列砍项目和降本裁员的操作。果然不愧是游戏行业，真的十分刺激。

我开始再次寻找新的机会。只是相比当初走出校园时的孤勇，多了一分理性和从容，毕竟祸福相倚，入行两年就能亲身经历一个项目从无到有、推动它不断自洽和成立的过程，并不是人人都有的，而这也在一定程度上成为了我的核心竞争力之一。

而我在社招面试中的所见所得，也并非如传闻中"策划只能靠成功的项目说话"那么危言耸听。相反，成长性和岗位匹配度才是更重要的，毕竟一款游戏的成败有着太多的不确定因素，不是凭一己之力就能搞砸或者力挽狂澜的。社招有工作经验的加持会容易很多，只要上传简历就会有很多猎头主动联系。只要求职者对自己和岗位有着精准认知，多数大厂都会愿意给一个面试的机会。由于这次工作变动是我在毕业后第一次出来找工作，在与各公司面试官交流的过程中，我也发现了自身的很多优势和不足，是一次弥足珍贵的自我复盘机会。

最后，我收获了深圳某独角兽公司的关卡岗位邀请和上海某大厂一个核心项目的关卡岗位邀请，我对此感到十分幸运。虽然前者给出了更高的薪资甚至期权，但我依然秉承着对自身成长的坚定规划，选择了后者这样一款更为重度的游戏。我始终怀揣着那份热爱和初心，期待着为中国的游戏行业尽一份绵薄之力。

以上文字跨越了三个时间段，分别记述了我在 2021、2022 和 2023 的感悟，最后整理的时候回看当初写下的内容，字里行间透露的热血依然令人动容。感谢你读完我的文字。

最后与诸君共勉，愿大家都能尽人事而心想事成。

书友问答

问：该怎么应对游戏行业的不确定性？

答：对于一个飞速发展的朝阳行业，变化几乎是不可避免的。仅仅是我入行的这两年就目睹了太多的起起落落，时代的一粒沙落在每个人的头上都是一座山，就连我自己也早已是局中人。

但风险永远是伴随着机遇的，选择了这个行业，就不能像事业单位一样用"萝卜坑思维"工作，而是要以"作品思维"在一个又一个的项目开发过程中实现自我成长。换项目、跳槽，甚至人才回流在这里都是家常便饭，唯有主动拥抱变化，以"不断提升自己核心能力"为导向，规划一条清晰的职业路径，并予以践行，才能不被行业淘汰。我相信，有能力和热情转行的各位，面对区区变动应该不算难事。

有人抱怨，被大厂裁了找不到比以前更好的工作。这时候我们就应该重新评估一下自身的能力价值。因为对企业而言，大规模的裁员本质上是原先盲目扩张的资本逐渐回归了理性，大厂当初给予我们的只是暂时的精英光环，本质上我们站在巨人肩上，目前的海拔并非我们本身的高度，那么离开这里从头开始，未尝不是一次成长的好机会。

问：是否考虑过副业转主业呢？

答：暂时不会。

虽然《罪恶演绎》各方面的成绩都不错，但距离爆款本还有一定的距离，作为稳定的收入来源更是差距很大。而目前剧本杀行业里全职的作者多数都是发行工作室的股东，既要有能持续产出爆款本的能力，更需要拥有经营工作室的管理者思维和行业的大局观。

但其实，我很享受做一个打工人，不愿承担太大的风险，也没有过高的期望。能在自己热爱的行业里谋一份工作，与众多同好一起成长，食君之禄忠君之事，对我而言是一件非常幸福的事。

问：对于想进入游戏行业的学弟学妹有什么建议？

答：对于想要进入游戏行业做策划的同学，我想说的是，策划是一个门槛很低但上限极高的工作，它可以是只会配表的工具人，也可以是牵动着无数玩家核心体验的"造物主"。入行只是千里之行的第一步，"策划"是玩家们叫的，但我们要以"设计师"的标准来要求自己，了解

056　重建：转行的多样性

当下热门游戏的品类，选择一个专精的赛道进行深耕，才能增强自己的不可替代性。

而对于想要从事关卡策划的建筑学、城乡规划、风景园林同学，五年起步的空间训练将成为我们专业能力的护城河，而如何以空间为器、以游戏性为魂，在这片高地上建起一座宏伟的"城堡"，将成为贯穿我们职业生涯的一场修行。

小张同学

985建筑学本科，香港大学建筑学硕士。

硕士阶段开始进行剧本杀创作，毕业后投身游戏行业，从小厂文案一路披荆斩棘，成长为大型项目的关卡设计师。

线上剧本作品：《蝴蝶巷疑案》《再见卡门》《血源》；线下剧本作品：《罪恶演绎》《神木屋》。

第二章

CHAPTER TWO

乘风破浪

成熟的行业已经尘埃落定，新兴行业还在招兵买马：碳中和、智慧城市、Web 3.0 等与建筑相关的行业是新的机遇与挑战。我们应该抓住机会冲入新的蓝海，成为规则的制订者。

闯入 Web3.0 的肄业博士方块君：
如何实现菜市场财富自由

> 当方向不适合自己，停下也是一种进步。

一切的开始

说到自己选择建筑学的缘由，不得不回到高中。那时我还是一名成长于一个高考大省两耳不闻窗外事的理科生，出于对建筑专业缺乏了解，我便听从了远房亲戚的建议，填报到隔壁省的一所 985 大学建筑学就读。

或许是习惯了高中寻求"最优解"和"标准答案"的心理，初入建筑之门，我感到非常不适应。我常常不明白为何有的大作业能获得高分，而有的却要被导师扔进垃圾桶。不过延续自己"做题家"的性格，我只能加倍花时间研究那些优秀作业，模仿他们的设计和作图，最后的作品虽然并不能说最受导师青睐，但也马马虎虎，成绩逐渐稳定。大学期间，我还参加过学校组织去罗马的古建实习，获得了一些建筑学习中难得的快乐。

很快就到了毕业时间，继续深造和直接工作是自己面前的两条路。同样由于性格使然，我义无反顾地选择了某所国内顶尖大学的建筑直博。遗憾的是，由于我的能力不足，读博的经历于我而言十分痛苦。我不擅长落地设计，每次在排柱网、建模的时候无法全心投入。我下定决心，要离开这种困住自己的生活。

现在回头看不管怎么样，读博都是一段难忘的经历。最大的感受在于割舍原有事业是难上加难。就像有时候我们可以轻易决定和一个人在一起，但是如果要离开一个人，却艰难万分。放弃有时候比坚持更困难，放弃本要长期耕耘的学业更是如此。我一直都有学术理想，但却没想到是在无比煎熬的情况下决定停止学业。这个煎熬并不是来源于生活所迫，而是对自己的重新审视：曾经的我因为学校里优秀的"分数""奖状"感到骄傲，现在的现实却要否定和放弃以前所有的自己。不过这也是成长的必经之路，当方向与你自己不适配时，停下也是一种进步。

Web3.0——新的热点

进入 Web3 的世界似乎偶然中又带有命中注定的色彩，2013 年高中期间我第一次接触比特币，大学又加入了需要严格面试的区块链俱乐部，还在一线的区块链公司做过设计实习。而这次 Web3.0 和 NFT 的热潮使我意识到，或许设计就是 Web3.0 最重要的生产力之一，也是设计人员最好的去处。建筑学已经给了我设计的思维，那我为什么不好好利用呢？退学之后，我终于可以投入更多的精力。

2020—2021 年涌来的 Web3.0 热潮让各类项目层出不穷，于是我尝试给各种初创的项目投简历，幸运的是这是一片蓝海，许多项目都接纳了我。Web3.0 目前还非常像传统互联网的早期，不同于阿里、腾讯这样的巨无霸有着卷到天上的校招和实习，Web3.0 的项目更多是小而美的，也更看重个人能力而非学历和专业。比如最有名的 Uniswap 项目创始人亚当·海登斯曾经只是一个失业的机械工程师，创造了无数传奇产品的

Andre Cronje 是法律专业毕业生。不过 Web3.0 对个人的素质要求也更高，因为这是一个完全新生的领域，因此几乎没有教程，都依赖小团体内部经验的互相教授。在这种飞速迭代的新兴行业，新人的门槛是比较低的，因为你会发现比你早入行的人，他并没有什么巨大的优势。行业更新太快，一个"老人"如果不学习，或者他只要几个月不参与一些活动，他马上就不知道现在大家在干什么了，"新人"与"老人"之间的信息差很快被拉平。

我第一个真正意义上参与的项目是和 NFT 相关的，我几乎参与了搭建网站、制作全套设计系统，甚至运营社群的全部活动。而项目方也是异常的慷慨，提出按照项目收入的百分比来支付团队工资。我作为设计和运营人员，几乎可以一次性获得团队 5% 的总收入，相当于在导师工作室画图的 N 倍还要多，虽然我仅仅在一天前才投递的简历并加入这个团队。

我开始感受到，这里有一扇通往新世界的大门。

新的朋友，新的机会

我在 Web3 结识的许多朋友让自己的生活也变得开朗起来，这里没有太多的等级辈分之分，哪怕是项目的创始人、老前辈也可以随时被批评和质疑，和之前我读博工作室森严压抑的氛围形成了鲜明对比。我和同事都全神贯注地投入了 Web3.0 世界的建设中，组织活动、画海报、做网页，甚至 meme 图等。在 Web3.0 的工作中几乎没有人会批评你，而是一起探讨怎么把事情做得更好，毕竟大家都是刚刚入行。另外，更多来 Web3.0 建设的人并不是单纯为了财富，有很多是真正的理想主义者，希望将一个平等、无特权、人人可参与的世界带向更多的受众。

由于绝大部分 Web3.0 的工作都支持远程办公，所以基本上居家办公或旅居在这个行业是常态。比如，我们之前就非常想招一个文采出众的 98 年女生做团队的增长负责人，但因为她一直在清迈生活就没有接受工作邀请，像这种优秀的人你指望她因为工作而搬迁是不现实的。

至于我自己来说，毫无疑问，我肯定也是期望有更大的自由度。一开始我加入的是比较小型的初创团队，我便从大城市返回老家，不用再赶地铁租房，也不用再点外卖，生活上突然基本没有了花销，还稍有点不习惯。如今我加入的团队是中国的 Web3.0 行业最头部的项目团队之一，我们团队其实是鼓励集中办公的，因为我们本身有工程师文化，希望技术团队聚集在一起，这样可以快速去定位 bug，或者更及时地上线产品。对其他岗位的人员（比如运营），我们基本上是保持一个非常宽松的工作节奏。

Web3.0 是一个新兴的行业，如何选择适合自己的团队是一个很难回答的问题。从我个人层面来说，我更偏向选择与我价值观相匹配的团队，而不会过分关注它的现状和应用场景。因为现在绝大多数 web3.0 的项目不怎么创造实际的价值，并且海内外市场上多数团队都是初创，无法指望他们去创造一个大众可用的工具。

是因为相信所以看见，还是因为看见所以相信？我选择因为相信团队正在做的事情和坚持的价值观，所以期待一个好结果。在这个行业早期，很多东西是看不见的，即使看见了，看见的也是片面的。即使我所在的项目已经做到了行业内的头部位置，也不过只有 30 万用户，这个数字放到 Web3.0 上太过迷你。但如果价值观或者愿景一致，未来有一天或许可以做到 3 亿，甚至 30 亿。

感恩心态，接受突如其来的成长

其实回看过去的两年，我会觉得有些恍惚，经历了从退学到 Web3.0 "独角兽高管"翻天覆地的转变。其实自己一开始并没有这么高的预期，但是 Web3.0 迷人的地方就在于，由于行业正处于快速起步阶段，机会较多，能力稍微突出便很容易脱颖而出。我也很感谢在 Web3.0 领域遇到了难得的贵人与伯乐，给予了自己充分的信任与资源。在成为运营线负责人之前，我的长处更多集中在"设计"和"产品"上，但是在身份转变之后，我发现需要更多地从更高的维度思考问题，比如如何制订一个低成本的产品冷启动策略，如何经营好一个 NFT 社区，以及如何建设团队，选拔真正有能力的人担任合适的岗位等。

坚持自我，远离"毒鸡汤"

转行过程最大的困难就来自于毒鸡汤。当我做出决定转行 Web3.0 后，身边不少人并不看好，就像 20 年前不看好互联网那样。一个亲戚更是冷嘲热讽："现在年轻人真是一点苦都不能吃，加班又加不得，收入低了又受不了，怪不得说社会上大学生失业率高，都是给惯坏的。"当时我听了这个话，血压直接就上来了，决心一定要做出一点成绩来。有趣的是，当我转 Web3.0 成功之后，尤其是得知我月收入可能比他孩子年收入还高，已初步实现菜市场购物自由时，这个亲戚却又凑上来，拐弯抹角地希望我能给他小孩介绍一下找工作的经验。在奋斗的道路上，不乏一些相反的声音，让你觉得很刺耳。过滤掉这种噪音，能让我们更加心无旁骛地前进。

当然，没有一个行业是一帆风顺的，在工作中遇见挫折也是常见的。但挫折不是让我们怀疑自我或轻易放弃的原因，一旦做出决定，就要想如何推动它，让事情真正往好的方向去发展，而不是长久地陷在纠结之中。勇气是一种可贵的品质，可能性对于我们永远迷人。当然，挣脱束缚准备起跳时也要付出相应的代价，就如我不得不痛下决心停止学业，只因我想过一种更广阔而不被定义的生活。

书友问答

问：有适合建筑学、城乡规划、风景园林专业同学的Web3.0职业方向吗？

答：我觉得转行最重要的是放下建筑学的执念，心态归零，不要被是否适合这个观念所束缚。我认识很多学土木的同学转行Web3.0就从来不会纠结原专业的优势。我认为跨入职场后最重要的始终是自学能力，建筑学有设计优势，比如大部分建筑专业学生都会用Adobe全家桶，甚至是Figma、Unity这些加分软件。不过这不代表最适合建筑学、城乡规划、风景园林专业学生的就一定是设计，可以把各种岗位方向（运营、产品甚至投研）都了解一下，选自己最喜欢并且也真正适合自己的。

对于进入Web3.0的工作而言，UI/UX和产品经理甚至运营、营销并没有清晰的分界线，往往需要一个人是多面手。

当然，Web3.0对勇敢的人并没有什么门槛。举个例子，Gitcoin（Web3.0最大的项目启动平台）上有一个"星园生态村Jardin de Estrellas Eco Village"获得了官方捐赠，这是一个纯粹的建筑学项目，旨在为洛杉矶的贫困居民提供一个安全、舒适、具有可持续性的聚居地。所以，无论什么专业，只要有足够的想法，在Web3.0都有机会。

问：转行 Web3.0 需要哪些基本知识？

答：最基础的一些工作：钱包一个（推荐 metamask），Discord 账号一个，telegram 账号一个，twitter 账号一个，交易所账号一个，然后学会使用 notion 等笔记软件，有了这些基本就可以在 Web3.0 的海洋里自由遨游了。了解 Web3.0 最好的方式就是边体验边学习。比如加入一个 DAO，用一次 swap，获得一个空投，买一个 nft 等。入门要从学习区块链的基本知识开始，比如区块链的原理，钱包的使用，区块链浏览器的使用，私钥的保存，合约交互方法，等等。

如果感兴趣，可以先兼职参与一些项目的工作看看自己到底适不适合。因为大部分 Web3.0 的工作目前还都是非常自由的，没有校招，也不看学历，这里需要的是相信和热情。

方块君

某中部 985 建筑学本科，某东部 985 建筑学博士退学。

现某 Web3 头部独角兽运营线负责人。

媒体链接：Link3.to/fangkuai。

爱折腾的产品经理丘山：
面对大山有两种结果，在山脚看或在山顶挥手

> 山的那边是什么，要翻过大山才知道。

你想成为怎样的人，就会做出怎样的选择

在经验分享社区，每个用户都在寻找与自己情况相似的人。情况越相似，参考性越大，所以我将我的基本背景写在前面。有了背景，用户能更好地理解一个人产生想法、做出决策的原因；没有背景，一些"经验"也就失去了复现的基础。

求学期间，我曾在大型建筑设计院、明星事务所实习，在上海苏州河畔有过落地建筑；决定转行后，我曾在OTA方向的top互联网公司锻炼了半年，抱着好奇心也去过被称为"产品界的黄埔军校"的腾讯，最后选择了进入跨境电商外企，继续从事适合我自己的产品经理岗位。

为什么要转行？

对我来说，首要因素是考虑这份工作是否能带来成就感。相比于通过空间引起人的共情，通过思维拓宽人的认知更能让我满足。建筑师只是众多工作中的一种，先要明确自己的边界是专注

于改善人居环境，然后承认自己的不足，明白"了解不等于掌握"，要尊重其他专业的专业性。最后要明晰设计在全流程的位置。设计并不是龙头，真正的龙头是策划，相比于设计什么，更重要的是为什么要设计，有没有资金建设。作为一个理性的人，不管故事动听与否，我更加在意工作给自身带来的意义感。

第二个因素也是最重要的，那就是自己的判断。每个人取得的成绩都脱离不了时代背景，工作年限的短暂更放大了时代背景的束缚。我们要思考自己年轻时最重要的十年处于什么背景、什么阶段。所谓电梯理论，是在于上了电梯，而不是在电梯里做了什么。当下时代，选择远比努力重要。一味"蛮力"的付出，可能并无法带来与之相对应的、内心期待的回报。

很多毕业生或即将选择实习方向的学生，普遍存在着不知如何选择行业的困惑：要不要转行？为什么转行？转行去哪里？各个方向浅尝辄止后，仍然不确定应该选择哪条路。在我看来，这可能是因为实习期间的深度不够，或接触面不够广。在做任何选择之前，都可以先问问自己想成为一个什么样的人，是否具备某一岗位所需要的特质。比如产品经理可能会是怎样的人这个问题，在我看来，答案可能会是一直且永远爱折腾的人。

做出任何选择的最重要的因素，都与我们自身的性格和对风险的偏好有关。迷茫时不妨回想一下，在实习过程中有没有接触到一些令自己印象深刻的事情，是否了解到对应岗位需要怎样类型的人？想要胜任该岗位需要具备哪些素质、补充哪些能力？

我们需要明白做选择的基本逻辑，也就是看清事物的基本盘，再做出决策。例如，对于我个人而言，通过选择的职业获得实际收入上和内心感受上的价值，是一件很重要的事。但如果把建筑学作为一个学科来看待，它的学术属性很强，与收益、资本存在一定对立关系，所以我选择了排除。这就是基本的判断方法，但很多时候，我们往往会忽略这些因素。

我在转行产品经理后的感受整体是非常正面的。首先是强度，得益于互联网公司优秀的项目管理机制和标准化流程，以及岗位的性质，产品策划工作价值主要强调输出内容，而不在于表达。平时工作主要使用office、原型设计、数据分析等工具。与建筑行业相比，同等时长下工作强度降低很多，在我个人看来，即使加班也是在做有意义、有价值的事情。其次工作心态也得到了提升，在互联网公司每个人自己的KPI下，个人完成的工作可以衡量出创造的价值，年终奖与其完成情况挂钩，能直观体现自身创造的价值，这种感觉很不错。

凡是过往，皆为序章：真实地体验，并转化为有效经验

个人看来，建筑行业能转行出去的方向有限，体制和互联网是比较主流的方向。在互联网的主流岗位里，我不会写代码，无法担任开发岗；做交互或UI设计可能同样话语权较弱；运营方面我缺乏兴趣。经过分析，我的职业选择之路导向了产品经理。产品经理岗位之所以能成为我的动力引擎，是因为我能从之前提到的基本逻辑出发去思考问题，"我为什么要让用户使用这个产品？它能给用户带来什么？"

同时，产品经理又与建筑设计师有较大的共性。对于建筑师而言，房子不是他亲手盖的，管道设施不是建筑师设计布局的，甚至门把手这样的小家具，更不可能建筑师亲自安装的——最终的建筑作品，是各专业团队的综合成果；对于产品经理而言，代码、UI设计、数据分析、运

营手段等也不是产品经理亲自产出的，他只是提出了一个个策略或想法，带领开发、设计师、运营、数据等不同团队组成的优秀人群，完成了一个互联网产品。建筑师与产品经理这两个不同角色的工作成果，都是团队智慧的结晶。

确定切入产品方向后，我开始积极找实习。我的简历投出去就湮没在互联网产品的"卷卷大潮"里，各个投递渠道的结果都不甚理想。在连续投递了一个多月、被拒绝数十次后，我痛定思痛，决定重新修改简历，并开始进行产品相关成果的产出和复盘。

由于我在建筑方向有着非常丰富的成果，我在初版本简历中把建筑实习、建筑竞赛获奖及建筑作品集都呈现了出来，但投递结果远不符合预期。现在回想起来，以上建筑内容和产品工作没有相关性，自然不会得到反响。

初入全新领域、缺少相关实习经历，招聘者只能通过学历背景、荣誉奖项等内容来评估应聘者的综合能力和学习能力。同质化内容下，简历如何脱颖而出？答案还是思考。于是在第二版修改前，我仔细研究了建筑设计岗位和产品经理岗位，巧妙地将建筑相关经历进行了转化，从几个角度证明自己的经验和能力。最终，我收到了两家互联网头部公司产品的面试邀请。后来我也把我的这个方法沉淀下来，教给了更多的学弟学妹，帮助他们顺利迈出第一步。

对于想要转行做产品经理的同学，我能给出的建议是，多去实习。实习是未来工作状态的直观体现，也只有在真实场景中切身经历过，才能意识到自己是否适合、是否真的喜欢这份工作和这个行业，在实际工作中遇到问题，才能有针对性地学习和解决问题，效率才会提高。尽早开始尝试，也意味着拥有更多试错机会，得以为后续的判断提供依据。

这会大大减少直接"盲选"方向后，产生"一边好奇，一边后悔"局面的概率。

虽然寻找第一份实习的过程很艰难，也没有硬性的指标要求，但这并不代表产品岗门槛低。相反地，它对应聘者的各项综合能力都有很高要求。切忌盲目自信，也无须因为被拒而怀疑自己。如果下定决心，请你坚持、坚持、再坚持。不管结果如何，这段经历会很值得。迈出转变认知这一步，前路会比想象中更顺利。

已选择的路：做个"体验派"，找到"领路人"

对于广大学子来讲，最重要的就是时间成本。尤其在临近毕业的情况下，花大量时间补充一段经验往往有很大的难度。找一个合适的"领路人"指引你完成对过往经验的转化很重要。举个例子，如果你想去投行，那就行动起来，使用"体验派"的方法，去尽可能地寻找投行、建筑双背景的人，请对方帮忙"领进门"，后续修行在个人。我们也可以寻找靠谱职业咨询机构或个人的帮助，请对方帮忙分析个人经历、性格特质，并结合专业背景和职业预期，建立起相对合理的匹配关系，并为我们给出一定方向上的指引。

当然，以上两种方法并不矛盾，我们可以先将"大范围"缩为"小方向"，再使用尽可能小的时间成本去体验，最终形成自己的想法和实践道路。需要强调的是，不管所学专业是什么，过往经历偏向哪个方向，都无须将过往经历视为沉没成本。即使你拥有三段不同方向的经历，甚至不同的行业体验，都可以使你拥有一个比较广阔的视角，使这些经历互相转化，提炼出可复制的方法论和能力框架。任何经历或经验都可以是能力"加成"，它的呈现方式更多取决于我们如何复盘、总结和描述。

可以看出,刚决定转行时,我身边并没有太多"先行者"的经验可以借鉴。除了做个"体验派",通过自身努力去尝试开拓实习道路,女朋友的鼓励对我来说也至关重要。无论身处怎样的环境中,选择方向并勇于实践的核心还是自驱力,即充分了解相关信息,提升自身匹配度,并不断修正的能力。与此同时,在前行的道路中如果有幸遇到一个领路人,无论是同学、老师,还是前辈,有了旁人的指点和鼓励,我们会成长得更快、走得更远。

在第一段日常实习经历中,我深度参与了互联网金融产品在OTA领域落地的项目。我负责的消费分期产品是一款小贷产品,部门的主要业务是创造用户消费场景。作为第一份产品实习工作,我在实习中最难的就是要同时完成两件事:从零开始学习产品经理的基础流程、深入了解部门的现有业务,并完整学习全链路业务知识。

经过这段经历的"打怪升级",我也踏上了申请暑期实习之路。互联网暑期实习时间在毕业前一年,因为有相对大的转正概率,所以这段经历非常重要——能拿到大厂暑期实习邀请,很可能就能快人一步在秋招中抢占先机。如果已经拥有了相关实习经验,后续的面试则会对此进行深挖。面试前,一定要深入了解和总结所做项目的背景、实际工作内容、产品规划、公司战略,体现不断向上探索的自驱力,思考对整体产品规划的贡献,以及在公司战略层发挥的作用。

不同人之间的差距,很多时候恰恰体现在思考的深度不同。每做完一件事,都记得问问自己:我为什么要做它?我能给事业部,给公司带来什么价值?每个公司都有自己的定位,我们要努力往宏观层面去考虑,因为一位优秀的产品经理,首先应具有不错的判断力和深入思考能力,其次也需要对数据高度敏感。互联网公司大多是结果导向型企业,数据反馈是最真实的结果检验,量化的数据更有说服力,更能为产品可用性背书，证明成果的统计学意义，这也是该岗位的绩效指标。

我暑期实习所在的公司，被业内誉为"产品经理的黄埔军校"，能进入学习自然是令人激动的，我也希望能从中认识大企业的产品工作流，去看看他们在做什么，对所在领域的发展做出了哪些预判，借此思考自己是否能长期从事产品工作，并验证自己的想法。这样的巨头型互联网公司的使命，不仅仅是需要做好自己的产品，还要承担更多的社会责任。因此，有时体现在产品上的一个小小改变，都有可能影响数万人的使用体验，每一次小调整的分量都不轻。这样的压力和责任，驱使我思考问题的角度需要更全面、更细致。新时代的产品经理需要考虑到科技与社会发展的关系，并深入地参与其中。

故事进程也不是完全的顺利，暑期实习三个月的时间很短，作为实习生，很多时候也不得不接手一些"杂活"，这是不可避免的，这也是我建议大家在实习开始前或初期时就对实习质量进行识别的原因。另外，校招生转正后面对裁员浪潮时，也要承担更高的风险。我们能做的，就是不断积累，同时不要忘记思考和做判断。

无惧挑战和危机：不断复盘、沉淀思考

时间线进入到秋招，因为我在正式秋招前有近一年的互联网金融实习经验，基本可以上手就工作，因此算是比较有优势的校招生。校招中我拿到了六七家头部大厂的岗位邀请，但最终我选择了跨境电商外企。因为它通过薪资承认我是那批应聘者中最优秀的一员。高竞争力的薪资让我感受到自己的能力被认可，也想在一个自主权更大的平台上折腾一下。

入职时，我面临的是全英文工作环境，具体是指包含需求文档、汇

报讲稿、邮件在内的所有工作文件都是英文，会议上只要有人使用英文就是一个英文会议，而产品经理的角色往往是会议的主持者，这对英语能力的要求可想而知。那一段时间，我常常梦里都是英语，很担心在会议交流中听不懂对方的话。在外企，英文是基本能力，当基本能力是很明显的短板时，专业能力再强也无处发挥。好在困难只是暂时的，工作中常用英文词汇的丰富度不如日常生活中高，只要掌握了高频专业词汇，就能慢慢跟上节奏。

公司的业务大约覆盖全球十个地区，而我负责其中一环。由于我的产品导师已经离职，整条产品线上只有我一个校招生在主导产品，压力很大，但也给了我很高的自主权。作为一名定位为"未来发展团队（Feature Team）"的产品经理，有新加坡的商业化产品团队专门与我对接。通过他们搭建的桥梁，我和不同国家地区的人建立联系、深入了解不同地区的人和文化，这给了我很高的成就感，也是我喜欢产品这份工作的原因之一。

或许有一天，互联网裁员的冲击终会波及我。公司的业务一旦向国际化方向发展，就会受到各种不可控因素的影响，这不可避免。在这样的背景下，被裁员与否其实和个人的努力并无太大关联，而更多地取决于公司对业务的判断。与其拼命地想要留下，不如多思考"如果明天我就要离开公司，我能带走什么经验？这些经验又能送我去往哪里？"长此以往，思考的力量也会沉淀为一笔不小的财富。

潮水退去，才能看到谁在裸泳。产品经理一直是转行方向中的热门选项。经历了一番行业冲击后，或许才更能筛选出一批真正适合做产品的人。如果你也正站在十字路口犹豫不决，不妨问问自己："你想成为一个怎样的人？你是否敢于提出想法，并愿意不吝啬时间和精力，去协调团队将想法真正落地，且能够对结果负责？这个过程和成果是否能给你带来成就感？"明白自己想要什么，才能更好地拥有它。不只是产品经理，把任何一份职业经历都当做读大学，相信我们终将成为自己想成为的人。

面对不断变化的行业挑战与危机，除了复盘积累之外，我们也需要在做事之前想清楚为什么做、怎么做。我的领导曾对我说："所谓时间管理，就是不做某些事。"有选择性地做事，做有价值的事，想清楚产生的价值如何衡量，我的职业修炼之路还有很长。

与君共勉。

丘山

哈尔滨工业大学建筑学本科，同济大学建筑学硕士。

腾讯、虾皮、携程产品经理，跨境电商、金融科技、在线旅行赛道。

小红书账号"Mount_丘山"。

深耕智慧城市的建筑师张开剑：
博观约取，厚积薄发

> 建筑师的背景是取之不尽用之不竭的宝藏，不要轻易舍弃它。我们可以转行跑路，仗义执言，但骨子里永远都是骄傲的建筑师。

"曾经我也像你们一样，拥有梦想希望成为一名伟大的建筑师。现在只不过是谋生的手段罢了。"老师说完自己也笑了。

回想大学已经是好多年前的事情了，但是当年老师这句话我记得格外清晰。确实没错，当一件事情从爱好转变为一种为了谋生而不得不做的事情的时候，无论你有多么喜欢，当你面临工作中的种种变数和限制，当无关你的心情、状态、生计的压力让你不得不去设计，不再是因为爱好，不再是因为成就感，那么它就褪去光环，变成了一份普通的谋生工作了。

闪耀的背景确实可以带来更多的机会，高学历的背书可以提供更多的选择方向，殷实的家庭背景可以让人暂时忘记生活的柴米油盐，探索未曾尝试的道路。但是我相信还有很多人像我一样，没有闪闪发光的履历，但是也期望通过自己的选择能让自己过上更好的生活。我们同样拥有选择的机会，只是在做选择的时候将面临更高的代价，一次失败可能会改变整个人生轨迹。希望每一个考虑转行的建筑人能在做每一次决策之前，更加仔细地做好规划认真地去了解自己的能力。没有任何一个行业完美，也没有任何一个行业适合所有人，广泛地听取建议独立思考才是转行的最佳良药。

我的转行之路

2012 年，我在一次讲座上接触到了 BIM，第一次了解到原来建筑的数字化是多么酷的一件事情，"未来每个人都能够在数字化的世界里拥有自己的房子"大概是我最初对 BIM 原始而稚嫩的理解了。于是我从那年开始自学 Revit。10 年前，网上没有现在这么多教程，我坚持学习到了毕业，并且开启了我转行的道路。

在 2016 年，设计与 BIM 可以说是完全独立的两条职业路线，取舍之后我还是选择做了一名 BIM 工程师。BIM 技术作为连接传统建筑行业与前沿技术的桥梁和数字化建筑的重要基础设施，使得我有更多的机会以半专业的身份去听行业专家报告、学术论坛，不断地去发掘那些潜在的应用点，以开放的心态不断保持知识的更新和迭代，这种习惯至今仍让我受益无穷。

做公司的万事屋：技术的价值在于解决问题

两年之后我跳槽去了另外一家设计院，作为院内的数字技术咨询团队的一员，负责解决设计过程中遇到的各类疑难杂症。难吗？难，因为永远想不到下一个找你解决的会是什么问题，对知识储备量有很大的挑战。但是有趣吗？有趣，我所遇到的每一个项目都是全新的，每次带来的挑战都是不同的，有项目就解决项目上的问题，而更多的时候可以自由地学习积累可能用到的技术，这对沉迷技术的朋友们可能是理想的工作状态了。

这个阶段的收获也是巨大的。学习各种软件不断开坑这个过程对我来说非常快乐，我也经历了野蛮学习的时代，不断地挖坑填坑让我的技能树日渐丰满，对于陌生领域的问题也能够找到解决问题的关键路径并制定对应的解决方案。当然，随着工作经验的增长，仅仅对自己的技能进行输入是不够的，在工作中更需要强调"输出"——主动使用技术去发现、解决问题，去引导，给自己创造机会。

选择认可的方向，少问多做

随着近年来行业发展，我们作为为设计提供技术咨询（BIM、可视化、无人机、VR 等各种方向）的团队，人员不足且碎片化严重。属于乙方的乙方的我们，同样受到了影响，团队不得不重新思考定位进行技术重组并转型。

虚幻引擎（Unreal Engine，以下简称 UE）是一个包容力和可塑性都非常强的三维引擎，BIM 也好，数字化分析也好，GIS 也好，都可以在 UE 中换种方式得到利用产生价值。如何让这种价值落地，智慧城市（楼宇、园区等）是一条绝佳的能够充分释放能量的赛道。

对于一个刚刚准备转型的小团队来说，岗位划分很简单：美术（负责三维场景的建立）和程序（对接数据并为场景赋予功能和交互）。建筑出身的我审美尚可，在 BIM 时期本身积累了一定的美术技术基础。但是对于建筑设计院的团队来讲美术大概是候选人最多的类别了，我在这时候选择了走程序开发的道路。所幸 UE 有着完善的文档和蓝图系统，仅需要连接对应的节点即可实现绝大多数的交互需求。这也是我们转型初期首选 UE 的原因。

渐渐地团队逐步发展壮大，更多的人加入进来，团队中粗放的管理模式弊端日益显著；缺少流程规划和权责范围，让每个人自成一体，彼此之间缺少有效的沟通与协作。此时团队的主要瓶颈已经从技术限制转变为了管理水平的限制，在新加入成员之后甚至会对项目的交付产生反向增益：工作分配不均、风险没办法得到有效控制、返工成为常态，等等。

出于对项目的负责，我在空余时间考了 PMP，考试不难，通过率较高，但是学习过程让我第一次能够以管理的视角审视问题，很多问题原来并非技术没有达到而是没有能够有效地进行团队组织管理。这也促使我再次完成了思想上的转型：团队以价值交付为目的，而个人的能力始终有限，想要实现长远的发展，高效的协作必不可少。

说到现在我并没有用太多的笔墨去讲述我从事的行业工作内容，因为无论是智慧城市（园区、楼宇等），还是数字孪生、元宇宙，我不能斩钉截铁地说适合所有的人，我还是希望能把自己心态转变的历程分享出来，帮助大家找到属于自己的归宿。

智慧城市究竟是什么？

关于智慧城市的概念我并没有自信能够在几句话之内把它的定义和价值介绍清楚。举个最贴近生活的例子：智能家居。

我们都或多或少接触到各式各样的智能电器，在关门离家之后扫地机器人可以自动进行清扫，天黑之后窗帘自动关闭，系统自动统计设备每天耗能情况，当前的温度湿度等，简单的智能场景让我们的家居体验变得更加舒适，同时这些数据也能够让我们更好地对当前生活习惯、用能情况进行评估从而进一步做出决策。

以智能家居为切入点，理解之后我们不妨扩大一下规模：生化危机里的蜂巢是一个浅显易懂智慧园区（安防）的例子。蜂巢有着完整的几何数据信息，相信安保公司确实在好好地做 BIM，毕竟目前来看 BIM 是支撑后续运维系统开发绝佳的数据来源。设备信息、厂商、分布位置、资产编号一应俱全。智慧物联设备可以 7×24 小时地对主要出入口进行监控，结合 CV 算法，可以轻易地得出入侵者的位置、人数、是否携带武器等，进而发出警报，并返回警报所处位置，触发其他安防设施的联动。

在蜂巢中，除了上述内容之外肯定有大量的 IOT 设备，无时无刻不在产生数据，如何去评估这些数据之间的关联，如何界定它是否异常？一个常用的办法就是做数据大屏（有人喜欢称之为驾驶舱），由运维管理人员通过屏幕上面集成的信息，结合数据可视化系统所呈现的内容做出判断，通过派发工单、安排人员巡查等做出处置完成闭环。而红后作为最终 BOSS，扮演的就是园区大脑的角色了，时时刻刻监控各项数据并且对全局进行调度指挥，与人工决策互为补充共同构成了"智慧蜂巢"项目。

建筑背景岗位推荐

建筑专业切入智慧城市的方式有很多，因为体系庞大，涉及的专业众多。BIM、GIS、倾斜摄影、激光扫描等都能够在其中得到体现，但是我目前的工作和团队以数字底座的开发和定制化应用场景开发为主。以下为我列举的一些岗位及相关工作内容：

①售前支持

与客户前期沟通，设计解决方案，对内对外进行对接，方案汇报展示等,如果喜欢和人打交道,可以考虑。

②产品设计

调研需求收集,产品流程设计,原型设计。还是建议有一定技术基础和行业经验,这样沟通会顺畅很多,虽然容易背锅,但是看自己的设计作品被一步步做出来非常有成就感。

③ UI/UX 设计

设计产品界面和一部分的交互,作为转行门槛相对较低的一类竞争还是十分激烈的,这里我个人不太推荐,不过这些技能可以成为应聘产品设计岗位的加分点。

④场景设计

场景美术是建筑方向比较推荐的切入点了,需要的技能从建模开始到场景搭建。和游戏不同,建筑方向一般不会像游戏一样分那么细,学一下 3DMAX/MAYA/BLENDER 就可以,只要能做一个小场景基本上就可以大胆地尝试投简历了。

⑤程序设计

主要实现部分数据对接,UI 界面,各种交互操作,我自己用 UE,蓝图真的好上手。但是如果本身会 C#,学 Unity 也不错,可以直接无痛入门。同样做一个小 demo 就可以勇敢地投简历了,毕竟不像游戏要求这么高。

⑥技术美术

什么是技术美术(TA)?简单理解就是不归美术做也不归程序做的事情,找 TA 就是了。因为在工作过程中所面临的问题是各种各样五花八门的,TA 也分比如性能优化,程序化生成,特效等方向,一个优秀的

TA 完全不用担心找不到工作。但是对知识储备要求较高。

一个完整的项目流程还需要各个专业的配合，但是以上方向至少可以从建筑角度根据自身特点选择一个方向切入。

很多人有一个误区：我是不是要学全流程，能够独立做一个产品，才能达到招聘标准呢？其实并不是，毕竟工作中也是有分工的，团队配合各自发挥所长，才能共同完成一件好的作品。过于强调个人"全能"，往往学的越多，知道的越多就会感觉自己不会的越多。其实对于尚未入门的人来讲，可以从一个方面入手，毕竟在工作环境里学习比自学要远远快得多。

此外，一些看法和思考都会更新在我的 Bilibili 账号（ID 见结尾），一方面作为自己的积累，另一方面也希望能够帮助有转行想法的人理清思路。只是整个知识体系非常庞大，我这种闲谈式的更新和知识输出作用有限，目前也在努力给学弟学妹们答疑。

不设限的人生，才有更多可能

决定在工作几年后再去读博，是因为我觉得从毕业之后到决定做智慧城市相关的工作，一直有一个隐藏的框框着我：包括我在内的大多数人都会关注"how"，如何去做，如何去实现，需要学什么软件，掌握什么知识。但是实际情况是，现在业主对智慧城市，甚至整个行业对它的接受度并不高（指数字化 AI、BIM、智慧城市、智慧工地等），包括设计院还是在靠堆砌人力和时间完成项目交付，刚开始的时候确实是没有合适的技术应用场景，但是最近这些年即使在其他行业内 AI 爆火，以 AI 辅助设计为例也一样没有大规模的应用。所以我现在觉得，我关注更多的是"why"：为什么要推进数字化？它能给行业带来什么？如何推进在哪些方面推进才能取得更好的效果？我想重回校园，在博士阶段去探索这些问题。

这些问题不单单是智慧城市面临的问题，是建筑行业为什么天然排斥新的技术和模式的问题。搞清楚这个才能对症下药，如果长期闭门造车，不去了解背后的原理和利害关系，始终只能是在表层做一些应用。

从BIM开始到现在我经历了太多种类的工作，学了很多技能，不对自己设限现在看来大概也是我做得最正确的决定之一了。

有时候我也会问自己，尤其是向别人进行自我介绍，我是做什么的。是设计师吗？不是。是一个程序员吗？不是。是产品经理吗？不是。是项目经理吗？也不是。想了很多也没能找到一个合适的职位，现在我觉得其实很多时候自己的工作并不需要被头衔束缚，我在做什么工作并不重要。

在日常工作中我没有给自己设限，因为我的目标就是保障项目能够在成本可控的前提下按时高质量地交付。售前、项目进行中的阶段性交付、团队的管理我都有参与，当前来说大部分是在维护团队的运转。我是比较倾向于解决问题的，客户问题、管理问题、技术问题等，我都比较乐意去解决。在解决问题的过程中可以不断明确自己未来的方向，保持思考不会迷失。现在我的工作可以分为五个方面：1. 继续对技术创新的热情，保持一定的行业竞争力；2. 评估团队工作流程并不断地迭代优化；3. 与客户沟通需求，发现问题，并策划应用点；4. 产出质量控制；5. 其他项目工作。

另外在这个过程中，除了设计、开发、测试等有固定工作的技术人员外，我更愿意把自己的工作内容叫做其他。我是一个服务型的人，尽可能地给团队创造更加舒适高效的工作环境，总之有任何影响成员工作进展的困难找我就可以了。

转行不是终点而是起点

博观而约取,厚积而薄发。

学的越多就会发现不懂的东西越多,转行不是一蹴而就的,它需要长时间的学习和积累。广泛地去了解各行各业的知识,吸纳不同的想法,长此以往最终会产生质变。

从大的方面来讲,我一开始做BIM已经算是进入了数字化领域,但在不断变化工作内容的过程中,我一直在识别问题,寻找答案:为什么当前建筑行业仍然是属于劳动密集型,通过堆砌人力、堆砌时间这种方式来换取报酬?

BIM算是一个很好的切入点,它是数字化建设的基础设施,我也很庆幸自己有这么一段时间的打基础的工作。最初做BIM是我以为整体数字化水平不高,肯定是模型有问题,在项目中缺少落地的应用点。所以我愿意去深入一个项目,利用BIM去解决当前工程建设过程中的实际遇到的问题。但是当这个项目结束会发现,新的项目又有了完全不同的需求。我或许并不应该把自己束缚在某一个点上,当时模型质量差,是因为在项目推进过程中相关方没有对高质量模型提出需求,所以我开始思考,高质量的模型能带来什么价值?基于BIM能够有什么样的应用场景,让更多人认可,愿意为BIM付费呢?顺着这个思路,我开始了智慧城市相关方向的探索,并非简单的兴趣爱好,而是一个思考过后推理的过程。

人永远没有准备好的时候,在学习的过程中可能会发现,在一个领域掌握得越多、接触的知识越多,不会的就越多,需要学习的就越多。但是没有人会取笑一个谦逊的初学者,过程中遇到的问题做好记录,争取让自己栽的每一个跟头都是最后一次,会成长得很快。不管年龄如何,机会总是有的。过分考虑沉没成本只会越陷越深,最后开摆:我的人生就这样了。

我基本上每隔一段时间就会有瓶颈，这个瓶颈会变得越来越难突破。我可能会做出错误的选择，会安于现状，会自暴自弃，任何一个瓶颈没有跨过都会导致未来几年内原地踏步。所以要及时发现自己是不是遇到瓶颈了。在工作阶段性结束的时候，一定要回顾，在这个项目中，我收获了什么？哪些方面可以做得更好？随着项目经验丰富，收获会变得越来越少，从一项富有挑战性的工作变成了逐渐机械化的劳动，那么这个时候大概率就陷入瓶颈了。

遇到瓶颈的时候怎么办？这个时候，很多朋友会把这种无力感归结为公司不行，简单粗暴地使用跳槽来解决。跳槽带来的新环境确实会带来新的挑战，但我建议先不要着急，尽可能地收集信息，思考、判断瓶颈出现的原因，想明白自己未来从事什么方向能够最有效地向自己的瓶颈发起冲击，努力方向是否和自己的长期规划一致等问题。

以我为例，我会把数字化当作以后并且长期从事的领域，职业会变但是核心始终不会变：我想让自己产生已拥有的推动力，推动行业的数字化进展，无论是以什么角色和身份。

书友问答

问：请用简短的一句话来概括智慧城市项目是做什么的。

答：能够驱动建筑、区域、城市更高效运行的操作系统。

问：目前从事研发项目经理这个岗位的工作和生活能够平衡吗？加班多不多？薪资水平满意吗？

不好一概而论，要看团队和企业的文化氛围和项目数量。我的团队会更鼓励成员通过脚本、算法等技巧，更高效地完成修改相应项目上的需求和变更,剩下的时间完全可以自己安排上班摸鱼也不介意,我只要到时间给我东西就可以,我是很反对大家加班,我自己下班的时候也会赶他们走。如果项目上真的有紧急的事情,当然是以保证项目能够顺利交付为首要目标,平时我会让大家努力休息,有事的时候也需要各位能顶上去。所以很少加班,一个月也就几次,不会太晚。

薪资水平,可以说性价比很高,个人比较满意了。

问:工作中遇到的大部分的售前支持场景是从"结合目前现有硬件设备"整合到"软件平台",还是从"需求出发创建软件项目"后再把硬件设备作为工具呢?

答:这个问题是否可以理解为,是现有硬件基础再把数据整合到平台,还是现有设计方案再根据方案做不同的传感器部署?

分为两类:一类是既有建筑,也是存量最多的,现在常规的项目其实都有一些智能化需求,比如监控,烟感等,针对已有部分会做最大化的利用。之后根据设计内容,在建筑或者区域内部增设传感器,并完成数据收集处理可视化工作。一类是新建建筑,在新建之前如果业主对智慧化有前期的顶层设计是最好的,可以尽可能在早期制定方案,进行预埋避免后续返工,这种类型的建筑比较少,但是因为一切都是从零开始,给人发挥的空间比较大也比较考验智慧化设计的能力。

问:2023年有许多"元宇宙"创业项目兴起,对于和智慧城市有同一种"虚拟空间"表现形式的新兴行业,你也有兴趣了解或者加入吗?

答:我非常认可元宇宙是未来,我是指非常长期的未来的一个发展的大趋势。现在已经有很多公司在将自己的平台称作"元宇宙"平台了,但是目前来看应用水平有限。目前还没有达到元宇宙可以百花齐放的条件(硬件条件、应用生态、大众的接受度),其实数字孪生模型做到后面高层级的数字孪生,已经几乎可以和元宇宙划等号了。

未来我会加入,或者说已经加入了,实际上元宇宙相关的工作无须要求自己的头衔有元宇宙字样,许多技术未来都可以在元宇宙中得到应用,不用给自己太大的束缚。

张开剑

建筑学硕士,2016 年起从事基于 BIM 的数字化应用与管理方向的研究。

Bilibili 个人主页:UID2024266。欢迎大家关注交流,与大家共同探索数字化转型道路。

在双减政策下做教培的清华建筑生柱子：
逆流而上，乘风破浪

> 曾有一次在食堂吃饭时，有个学生跑过来和我说："老师，食堂的饭味道一般，我给你买了个鸡腿。"
>
> 那个鸡腿可真好吃。

"我挺喜欢建筑的"

我在高二的时候参加了全国物理竞赛的决赛，获得了保送且可以任选专业的机会，因为有着手工制作的爱好以及对文理兼修的建筑学的憧憬，我选择了当时还很热门的建筑学专业。

在清华的学习确实如我所愿，老师们的课都上得非常好。因为我个人很喜欢材料、构造和结构的力学美感，所以更喜欢参加课外的建造类竞赛相关的活动，也获得过一些诸如 WA 建筑技术进步奖的入围奖等奖项。其余时间我还办过手工艺社团，做木工、皮具，过着非常悠闲快乐的大学生活。

2020 年我即将本科毕业，本来打算申请日本的研究生，结果阴差阳错没有申请到。刚好年底陪着朋友在上海看了很多家建筑公司和设计院，我便选择了一家上海民营建筑公司，想着能够先熟悉一下建筑行业工作的模式。公司人力曾私下跟我说，你们清华大学来我们公司的，最后十有八九都转行了。可能因为当时我比较年轻，便面带自信地说了一句类似佟悬叶老板名言的话：我觉得我挺喜欢建筑的，应该不会转行。

刚进入公司时，我感觉建筑设计这个工作比较适合我，因为我rhino用得还不错，经手的两个建筑都是曲面建筑，而组里并没有人能熟练使用rhino。我也对细部的构造比较感兴趣，所以刚一来上级就给了我个大活：一个上海地王级别项目的书店和售楼处的深化。虽然时不时会有加班，我也是在很快乐地画着图深化着模型，甚至一个吊顶都做了十几个方案给老板看。

转折点是在4月，记得当时某项目甲方设计图要得非常急，要在月内出方案成果，我就开始了为期一个月的疯狂加班，就连周末和清明节都没有休息。所以4月底，我决定转行了。

转行的原因具体有以下几个：

①身体方面。作为北方人，刚来到上海，还不太适应潮湿的气候，再加上在工作和生活之间得不到好的平衡，生了很多次病。

②时间方面。我个人有不少爱好，比如木工，皮具和做饭等。但是工作之后，这些爱好真的完全没有时间做了，甚至有时候睡觉的时间也不是很够，一整天都非常困倦。然而我已经算是公司里比较摸鱼的存在了，比我工作早几年的学长各个都来得比我早，走得比我晚。有一次和一个学长吃饭聊天，他跟我说自己的爱好是囤游戏机，然而他囤的那些游戏机已经快两年没有碰过了。我感到恐慌，恐慌自己再过几年之后，别说自己的时间，连能不能多陪陪未来的伴侣和孩子都难说。

③成就感。在商业建筑公司做了一些项目之后,感觉和大学期间天马行空的学习内容相差甚远,更多的是要求经济性和可落地性,而我所追求的设计中的趣味性就显得不那么重要了。

④薪资。最后是薪资,虽然设计院的月发少,但年终会多给一些,看起来薪资还算可以,但是时薪很低,而且挤占了副业发展的空间。

为什么会去做教培?

如《光明日报》的一篇文章所言,清华和北大这两所中国顶尖大学的毕业生流向具有风向标意义,它或许是社会变化的稍许滞后的反应,也往往预示了今后一段时间内地区以及行业发展的趋势。2020年清华大学将土木工程转为提前批后,许多高校也亦步亦趋地跟上,但依然改变不了土建专业投档线明显下滑的局面。

即使是清华建筑学子们,大一大二也都沉浸于课程的学习,大三大四才开始逐渐反应过来为未来做准备。到我这一届毕业的时候,同学里面40%左右都已经转行了,转行方向包括但不限于:游戏、人工智能、数据库、电商、教育、金融、政府部门等。我承认不同地区之间的不同高校存在信息差,但是落在我们个人身上,其实也是摸着石头过河,各自有各自的打算。

但是我的情况比较特殊,转行教育只能说是"副业转主业"。因为我是物理竞赛保送生,大学本科期间一直有各种教育机构和学校联系我给他们讲课。买材料工具,做社团、做项目等很多建筑方面的开销都是依靠我讲课挣来的费用,其实已经有点"用教育挣来的钱养活自己的建筑梦想"的意思了。

我曾相信老一辈所说的"干建筑越老越吃香"。只是之前合作机构的老板隔两三天就问我一次有没有空出来讲课，然后在听说了我的建筑工作的强度和薪资之后变成了隔三岔五打电话给我，问什么时候转行。老板信誓旦旦地和我说："转行教育之后保守起见工作强度减半，薪资翻三倍。"

这个时候我才真正思考起转行的事。毕竟这两份工作放在眼前，无论是从收入、工作强度、时间自由度哪个方面考量，做教培都是性价比更高的选择。

当然，我为了转行全职做竞赛教培也付出了很多努力，不过这些努力其实是分配在高中学习到现在从事教育的每个阶段的。

高中阶段：物理竞赛首先有个隐含的高门槛，你要有能够说服别人的奖项，比如全国金牌。这是我觉得竞赛培训薪资较高的主要原因，因为每年获得金牌的学生不过几十人，会当老师的屈指可数，竞争没有那么激烈。而我刚好在自己高三的时候拿到了金牌保送到了建筑学院。

副业阶段：在把教育作为副业的几年时间内，首先我会把机构安排给我的课程保质保量地完成，不像行业内的一些老师只图快钱。这一点为我积累了还不错的口碑以及一些人脉资源，并且让我在大学期间保持了物理竞赛的熟练度，积累了充足的讲义与习题资源。如果没有这些基础，在真正转行教育之后，我不会有排得很满的课时，也要多花几倍的时间从头准备课程内容。

主业阶段：在把教育当成主业之后，我非常注重如何提升课程质量，因此留给备课的时间十分充裕。在不讲课的时间段，我会花大量的时间来整理资料，出一些原创题目，对课件进行排版，保证自己的课程质量。

而在开拓业务方面，和成为机构的全职老师不同，我是以自由职业的身份从事教育，类似各个机构和高中的"雇佣军"。如果像我一样，只是负责讲课，而不用参加招生，联络学校和宣传推广等工作的话，这就是一份非常单纯的教师职业，只需要尽自己所能把课讲好，让学生们有所收获。

目前我的客源有这样几类：几个熟悉的竞赛培训机构，一些想参加强基计划和竞赛的高中和一些慕名而来的家长。在寒暑假机构课比较多，平时入校课和家长联系的课程比较多。平均时薪在 1000~1500 元，当你的课程评价好，学生认可度高，获得的回报还会逐渐提升，比较正常的时间安排是连续讲 3~10 天不等，每天讲 6 个小时左右。带课一年后，我会更重视学校学生的课评反馈和自己课程内容的提升。

成为自由教育职业者后，平常没课的我就像个"街溜子"。我的身体变好了，最近一年多再没有生病的叮扰了，不用讲课备课的时候我可以泡在健身房，或者去家附近的公园溜达；我的时间变多了，甚至可以做番茄牛腩这种非常花费时间的菜给自己和来家里玩的朋友吃了；我的收入变高了，扣除月供结余不少，买自己喜欢的东西的时候更从容了。最重要的是，我的心理状态变得更好了，像是一只长久充满气的气球被放出少许气，整个人处于一种更为舒适且有弹性的状态。

在这一年里，我最自豪的事就是每次带过的学生，下次还会接着来报名。因为竞赛圈很多优秀学生的策略是上过这个老师的课之后下次就换个老师，才能感受不同风格和思路的锻炼。甚至还会有学生跟机构说，他们是因为我来讲所以才来报名。我真的很感谢这些学生的信任，也欣慰于每次还能让他们获得些新的知识收获。我也在这群聪明又优秀的学生中注入更多的情感投入，每天都在和他们一起蓬勃生长。

双减政策的影响

双减政策对我的影响目前来看很小,但是闲下来的时候我也经常会因为思考双减政策而变得异常焦虑。

但是时间久了,我已经比较释然了。一方面双减主要还是针对义务教育以及课内辅导的调控,而竞赛和强基这块与高考内容区别较大;另一方面由于顶尖高校的认可,优秀学生对于竞赛培训有比较大的真实需求。我的不少工作都是省或者市的教育局牵头组织的市内或者省内集训,也有不少高中私下联系我想不想去学校里面做竞赛教练。所以即使之后不允许任何校外培训的开办,我会响应国家的政策把不符合国家规定的课程砍掉,选择只讲学校邀请的入校课,进入某所高中成为全职竞赛教练员,帮助各个高中进行竞赛师资的培训等,或者回到建筑行业。并且这两年各行各业不确定性都很大,担心未来基本上只是徒增烦恼,我还是选择先把眼前的事做好。

其实我在双减细则尚未发布的时候,就和某个机构老板聊过这个话题,当时我们就感受到了教育行业资本化的疯狂,连行业内的人都会觉得惊骇。我非常庆幸自己没有贪图所谓的稳定高薪,进入教育行业的大厂,即使他们在我大四的时候给我开出 50 万,甚至 70 万的工资。教育本来是个慢工出细活的事情,结果让资本搞得少了传道授业的浪漫,多了资本市场的搏杀。所以教培行业整改是算是意料之中的事,这是国家在推动行业向更正规、更符合教育本质的方向发展。

我未曾后悔过学建筑

对于转行,我没有什么遗憾和后悔的,反而是一路走来庆幸的事情还不少:学习了物理竞赛;选择了建筑学专业,度过了非常有趣的大学五年；结识了非常好的朋友和老师，并有机会一起做出了满意的建成作品，这是我学生期间最自豪的事情。毕业后，我在从事每一份工作的时候都尽自己所能做到最好，问心无愧。我能够有机会将自己拥有的知识讲出来，让学生感受到物理学的美妙，并遇到了很多热爱学习、活泼可爱的学生以及无私奉献的老师们。

从我的角度出发，我丝毫不后悔选择了建筑学专业，只是目前建筑学专业大学的内容过于美好，映衬出了工作后的苦闷与无聊。但是建筑学习中对表达能力、思考能力和策划能力的锻炼，即使在我转行之后依旧给我提供着很大的帮助。自由职业之后，闲暇的时间里我总会想去自己曾经付出过心血的建筑转转。每次坐在里面，都会回想起美好的大学时光，一起努力的小伙伴，和当时对自己而言美好到一点瑕疵都没有的建筑学的成就感。

我还是有许多本科同学依然在建筑行业勤奋地工作，当然他们也会面临许多抉择和困惑。若想实现学生时代的建筑理想，很多时候就只能选择进入不那么商业化的公建项目，或者自己成立一个小而美的设计事务所。但实际的难点就是在于如何积累项目，挣得回转资金，而多数刚毕业的年轻人并没有那么强的抗风险能力，一开始依附设计大院还是个必经之路。

基于以上内容，有几点我对学弟学妹们的建议：

①谨慎进行经济投资和职业选择。

②不要脱离社会，可以在寒暑假进行一些不局限在建筑学之内的实习或兼职。

③一定不要荒废自己原本的擅长技能：数理。

④如果工作之外仍有余力，可以开辟一些副业。

至于我自己，未来一年的打算仍然是精进自己的知识和授课体系，争取多出点有意思的题目，带给学生们更多收获。其实每个行业都不乏枯燥风味，但是山高水远，来日方长，还是要保持好身体和精神健康，才能在人生道路上去尝试更多条可能的道路。

柱子

清华大学建筑学专业 2019 年毕业。

原本准备留学日本，经历 2020 年的疫情，决定留在国内，在设计院工作半年后以自由职业身份转行教育至今。

设计院工作三年转做碳中和的 CZS：
努力顺其自然，人生自有意义

> 这世界唯一不变的事情，就是这世界一直在变，跟上它的脚步，勇于去接受每一个主动或被动的改变。

如果能重来，我还想从规划出发

听起来有点奇怪，但如果回到 2019 年我刚毕业的那会儿，哪怕我已经有了现在对转行经历的认知，我还是会憧憬去大设计院感受我所向往的城市规划。尽管我已经能够预知，去了之后还是会感到这份工作不适合自己，但我确实对城市规划抱有深沉的热爱。

这种热爱从大学就开始生长。现在想起来，我仍然觉得大学五年是我生命中最快乐的一段时光。我在毕业后很多次疲惫焦虑的时候都会回想起大学时和大家一起调研、画图、做模型，在宿舍、系楼通宵，甚至半夜从系楼厕所的窗户翻到外面操场上遛弯、醒盹。那真的是一段纯粹美好，至今令我怀念的日子。

本科毕业后我去荷兰一所学校读空间规划。欧洲跟国内的规划专业确实有很大不同，更偏向社会学和环境相关研究，而不是国内传统建筑学院的设计，硕士两年我过得仓促疲惫却也丰富饱满。

规划这个专业带给我太多，它教会我如何与他人合作，如何观察城市和城市里居民的生活和行为。接触各种跨领域跨专业知识的规划学习让我甘之如饴，不断有新的内容被我捕捉，新的思路涌入我的大脑中。在这个过程中我有极大的学习热情，也获得了很多快乐。而我这种喜欢学习各种新鲜事物，了解不同领域知识的特点也为我后来的转行打下了基础。

毕业之后，实际的工作和我的预期大相径庭。第一份工作入职前我以为工作内容是跟着地理所做各种形式的规划，结果正式入职后是做营商环境评价。一个月能有三周在出差，中间确实夹杂着一些"十四五"规划，产业布局规划等项目，但是其强度真的让我不堪重负，没有喘息的机会，出差时还要一直熬夜，强度跟设计院比起来不相上下。那时候我跟同事开玩笑，根本不是在北京租了房子，就是租了个仓库，每月回来照看下自己的仓库。

那时，我连续出差了一整个月，回到出租房发现有一股腐烂的味道隐隐弥漫，才发觉忘了交电费，小冰箱早就断电了。我心里一阵寒颤，一边哭一边把妈妈专门放在冷冻层的炖好的肉、包子、饺子都拿出来扔掉，这一瞬间的悲伤成为我辞职的导火索。

于是就有了我的第二份工作。

因为迫切想要逃离第一份工作和当时对北京的市场缺乏充分认知，我选择在一家大院下的工作室做建筑设计，这和我想做城市规划相关的工作期待还是有一定偏差，但也能够接受。即使如此，我在这两年设计院工作的过程中还是直面了一系列客观的问题。

曾经我怀抱满腔热忱希望投身规划事业，但在被现实不断泼冷水的局面下，我逐渐认识到我喜欢的可能只是停留在学生时代那种"做研究"的纯粹的规划，我期待的规划工作过于理想而在现实市场中可能都不存在。我意识到"我以为"的想法的幼稚，是因为缺乏对自身和市场的正确评估，这徒增了我的痛苦。

投身碳中和

我开始转行的时候主要考虑了两个方向：一是智慧城市，二是"双碳"。

考虑智慧城市是因为当时互联网大火，待遇诱人，和城市规划专业也有一点相关性。我在这方面也做了一些功课，总结了市面上从大厂到中厂的相关岗位信息，也和从事这个领域的朋友了解了一些详细情况。整体我感到难度还是比较大，智慧城市和我的理解也有出入：规划还停留在概念设计层面，而互联网公司是技术和结果导向，落地在产品开发上，会倾向于招聘计算机出身的人，我投的简历基本都石沉大海。

于是我选择专注在碳中和行业，也可以说是"双碳"事业。这是个涉及全行业全领域的新概念，自从 2020 年 9 月 22 日提出"碳达峰""碳中和"重大宣示，"双碳"事业可以说正式成为了热点。

我转行做碳中和的契机，是在第二份工作的时候做过一个关于小流域空间治理的校企联合课题，其中我负责的是一个"碳中和"示范村项目。虽然仍是在规划设计层面，但这个经历让我先人一步去了解什么是碳中和。我在项目过程中做了很多政策层面和技术层面研究的工作，虽然和后续正式在碳中和行业中工作相比有很大差距，但还是为我的转行之路打下了基础。这也说明每个人的任何一份经历都是有价值的。

有了基础后，我在各种招聘软件上查找相关的企业。这次我比之前花更多时间准备，也更认真甄别各种鱼龙混杂的公司。毕竟转行后的第一份工作会影响到未来我在这个行业的规划和发展，我之前的两份工作没有让我足够满意，工作后转行便要付出更多的沉没成本。双碳行业目前除了一些头部的咨询公司，其他的企业，尤其是双碳科技型的公司体量都是比较小的。因为整个行业发展的时间也很短，即便是行业龙头企业也只有十几年的积累，从体量上和经验上和其他传统行业是没法比的。

想踏入这样的新行业，绝大多数人都会容易迷茫和焦虑。在此作为过来人和大家分享一些我的经验。

"转行"，就代表新行业与之前所在行业的任职要求、工作内容都会有很大出入。所以要筛选市面上所有想去的工作，仔细阅读他们的岗位描述，这将会指导我们后续如何修改简历、补充知识。

岗位描述中的每一条求职者都必须知道是在讲什么：比如碳产品有什么，路径规划报告是什么，碳核算、碳核查、碳评价、排放配额、碳交易、碳足迹、CCER，等等，这些专业词都需要大量的知识背景，即使不能面面俱到，但求职时至少要知道它的概念是什么，切莫表现得像个门外汉。准备时要自己查找、总结、输出相关案例资料。方式有很多，大家要善用互联网，包括但不限于知识星球、相关社群、论文、公众号、知乎、B站、咸鱼，等等。

在具备了一定基础知识的条件下，我们要尽可能地把自己的简历、项目经历向行业上靠拢。比如做过生态、规划相关项目的小伙伴，可以自行根据查到的资料和案例，增加双碳相关的章节。现在双碳公司如雨后春笋般冒出来，不乏一些实力还可以的初创公司，他们对于人员的要求没那么高，有一些相关经验，或对这个领域熟悉即可。所以我们要在简历里尽可能地用专业的方式展现我们对该行业的熟悉程度，以此来获得面试资格，甚至作为面试的谈资。

面试前一定要做好准备。行业知识的储备和行业能力的具备是面试两个最重要的点。这里还是结合到我提到的第一步，好好分析岗位描述：它需要什么知识，我有什么知识，它需要什么能力，我能提供什么能力，更甚一步，我能提供什么资源。没有知识，就去学习知识，缺少能力，就去建立能力，缺少项目经验，就去模拟仿写，学习别人的项目，丰富自己的项目内容。不要因为看到岗位信息上的条目觉得自己没有就认定了不匹配，机会都是自己创造出来的。

坚定信念，多渠道获取信息，多与家人朋友沟通，善于总结不怕失败。看起来是很简单的词汇，却贯穿了我转行找工作的全程，并支持着我大步前进。

与公司和行业一起成长，拥抱变化

碳中和的市场一直在变化的，包括政策的推进、资金的倾斜、企业的心态。可能在 2022 年初的时候许多人感觉这只是一股热潮，但随着后续越来越多国内外的政策性文件的出台，各行业企业的生产运行受到了真切的影响时，碳中和的潜力和影响面被更多人重视，相关的工作也逐渐正规化。早期因为行业仍在摸索市场，每个人的工作都比较杂，一个人要兼顾售前售后，产品、技术支持等各类繁琐事项，这也对从业者的要求更多元，可能需要在一个项目中同时了解建筑、水务、固废、环保等各种专业知识，也要掌握各岗位的核心能力。而我也随之茁壮成长，被推动着快速更新迭代自己，奔跑在主动学习的路上。

碳中和就像曾经我喜欢的规划专业一样涉及广泛的内容知识，对于这些不同学科的学习，我乐在其中，也在不断学习和探索的过程中被不断启发。记得我第一次看到用数字孪生技术和双碳核心技术做的某产品展示，我如精神地震一般突然意识到原来许多行业都有和双碳结合的可能，我也可以在此基础上去无限向上生长，没有天花板，这种感觉非常美妙。

在双碳行业工作的这将近一年的时间里，我能感觉到自己成长飞快，一下子奔跑在外面的广阔世界中。我感到兴奋，也越来越自信。我所在公司的环境也是鼓励我飞快成长的重要因素——自由平等（扁平化和职场性别平等），我很庆幸有这样开放包容的平台，也欣喜有这样亲切且凡事亲力亲为的老板；技术探讨上可以直言不讳，生活琐事上亦师亦友；我希望自己能沿着他们的轨迹继续前行，永远开放包容，探索未知，驱动成长。

一些小伙伴可能会觉得转行就是浪费自己多年的学历，彻底告别曾经所学的东西，其实不然。套用我在一次面试中跟负责人的对话，我选择来面试，就代表着我已经做好了转行会面临的一切困难的准备，我过去所学的一切不是割舍掉，而是更好地发挥利用自己的优势。这些能力我会继续发挥到未来的工作中，我更是要学习很多新鲜事物，而那些旧的知识和能力会有一天再捡起或是和新的知识和能力融合，让我变得更好。知识和经验是不会浪费的，我们所看的每本书，学的每个技能都会融汇到我们的血液之中，体现在我们的每一步思考和判断里。

现在的我们处在飞速变动的社会中，世界格局、战争、甚至疫情的影响都一直在变化。曾经我想把自己未来都做好规划然后按部就班去实现，但我后来踏入社会才发现，我的计划从第一步就被推翻。我无法掌控时代的潮流，所以只能努力去顺其自然，即使踩坑，也相信这是生活要教会我的成长。

这世界唯一不变的事情，就是这世界一直在变。任何新兴行业都会经历膨胀，快速发展然后贬值的过程。建筑是这样，互联网是这样，双碳也一样，只是时间问题。我们能做的就是根据自身性格做选择，是否要顺应时代变化勇敢迎接挑战，保持积极心态去迎接变化，无论什么时候开始做出改变都不晚。

书友问答

问：有什么和碳中和相关的学习资料吗？

答：第一，网站：

（1）相关讯息类：①碳排放交易网；②碳讯网。

（2）主流政策类：①中国气候变化信息网；②生态环境部官网；③政府间气候变化专门委员会；④联合国气候变化框架公约。

（3）碳交易类：①中国自愿减排交易信息平台（CCER）；② CDM 官网；③ VCS 官网。

（4）其他综合：碳导航。

第二，入门书单：

（1）易懂入门级:《气候经济及人类未来》《碳达峰、碳中和 100 问》；

（2）科普类:《碳达峰、碳中和知识解读》《企业碳减排与碳交易知识问答》《实现绿色低碳转型 贡献中国方案（产业篇）》；

（3）碳核查类:《碳排放核查员培训教材》《温室气体排放核算工具》《碳排放预测与碳信息披露》。

第三，公众号：

碳索未来、碳智库。

CZS：

城市规划本科，空间规划硕士。

毕业后分别在某公司做营商环境评价及产业布局规划研究，某设计院做建筑和城市规划设计。

离开建筑业后在某双碳科技公司担任双碳规划总监。

个人公众号 / 小红书 / 抖音：丛谈从碳。

不听劝的婚礼策划师袁媛：
自山归来，去看得很远的地方

> 我们去创业不是为了成为更优秀的自己，只是想去努力地成为自己心中想成为的样子。

当我在万科做项目管理建筑师的时候，我猜不到未来我的婚礼策划品牌叫山归来。

当我在埋头熬夜做婚礼策划方案的夜里，我猜不到我的创业会遇上摧枯拉朽的疫情。

当我隔离在酒店，事业一筹莫展时，我猜不到我的故事会被罗振宇跨年演讲选中。

生活是一盒巧克力，你猜不到下一颗你会拿到什么，但可以确定的是，这一整盒不会都是苦的。

本科五年，一切的起点都与梦想有关

我高考报志愿的时候填写了建筑学，是父母选的。当时，建筑行业可比肩现在的新媒体，至少是处于白银时代。建筑设计是一份普遍认为比较安稳、有品位、又充满薪资竞争力的工作，而我从小也一直在父母设定的道路上走着。

然而性格开朗外向的我，耐不住长久画图的寂寞。在厦门大学的自由氛围下，我找到了很多尝试不同可能性的机会，也喜欢上了活动策划。对于我来说，活动不仅仅是"一个晚上的狂欢"。一场好的活动，可以唤醒参与者内心深处的情感，让彼此增进了解而产生共鸣。这与我的专业不同，建筑设计是建立一个空间，而活动策划是通过打造环境与氛围，直击参与者的内心，产生情感的互动。喜悦、激动、感伤……宾客展现出的不同情感，很大一部分都来源于活动策划师对参与者进行一系列的情感挖掘和场景设定之后达成的结果。我的性格比较感性，相较于建筑理性的思维模式，更喜欢需要情感融入的策划。

从大一开始，我就加入了学生会社团，一路冲到学生会主席。从策划各类晚会，到撰写策划案、拉赞助、联系合作方、核算成本，所有的事情我都亲自上阵，甚至有时顾不上吃饭、睡觉，我都不会觉得累。看到活动出色的举办效果和参与者享受其中的反馈，我非常有成就感。经过多年反复确认，这样的满足感，只有活动策划才能带给我。

这段时期，我虽然产生了转专业的念头，但由于本科学校没有类似专业，且父母强烈反对，这个愿望便不了了之。但它却成为了我的初心，指引着我走到了现在。我对活动策划的热爱已经到了"癫狂"的程度，纵使它通过各种方式"虐"我千百遍，我对它的炙热一直延续至今。

明确了未来想做活动策划的想法后，无奈眼下没有合适的机会，我开始思考靠近梦想的其他可行路径。根据我当时的了解，很多影视、娱乐、时尚圈的大型活动举办地都在北京，所以我想以我非专业出身的背景要想进入活动策划这行，并接触到行业内顶级规模的大型活动，或者希望有更好的、长远的发展，还是需要尽量来北京发展。一方面，北京是一座包容性更大的城市，这里的机会相对更多，和活动策划有关的娱乐、文艺行业的根据地都在这里；另一方面，北京举办的大型活动多，自然能提供更多相关岗位,对有强烈兴趣的非科班出身和想要大跨度转行的我来说,入行也会相对容易一些。

为了离北京更近,我决定"曲线救国",提升学历。我选择了比较稳妥的方式——保研,来到了离北京更近的天津,攻读天津大学建筑学硕士学位。

万科四年,沉浸式职场修炼,寻找与梦想的链接

大学期间我听过几次万科的宣讲,看到讲台上意气风发的年轻人,纷纷表达着对万科这个大平台能带来的自由与机会的期待时,我意识到自己似乎找到了自身建筑背景与活动行业相链接的一个契机。在地产行业的鼎盛时期,万科常常会举办很多大型活动,我期待在这个平台上,能将自己的专业与活动策划的兴趣结合起来,参与到一些大型活动的承办中。所以读书期间我一直关注万科,这是一个阳光向上、充满正能量的企业,它愿意给员工一个自由、公平的平台,它可以承载很多人的梦想。如果必须从建筑往文艺行业过渡,我想或许万科是一种选择。

2014年,我正式进入万科,那年正好是公司发展的第三十个年头,作为地产行业的"黄埔军校",万科有一套成熟专业的培训系统,能够快速将职场"菜鸟"打造成一名合格的地产项目经理。

万科训练新人的方式与传统的"师父手把手带徒弟"的模式不同,它先将新人"扔"进大海,让他经历一段从自我怀疑、用力挣扎到冷静思考、尝试找寻解决路径直到完成自我救赎的全过程。比如新人刚入职,就会被分配到一个复杂的项目,需要对接政府、设计院、施工方等多方机构,每天都会遇到各种各样的超纲问题,在某些对接场合中,我们甚至不知道本次沟通的目的是什么,不清楚需要哪些步骤来实现。没有人

会把答案投喂给新人，但正是这样一段痛苦的过程，逼迫我们去找寻获得答案的路径，训练自己在陌生领域里快速学习以及沟通协调多方资源的能力。所以万科培训系统的核心目标是训练新人独立解决问题的能力，毕竟我们的一生中遇到的很多难题都需要自己独立克服。所以在万科的那四年，虽然工作强度很高，晚上十一二点打车回家是家常便饭，但也正是那四年让我得到了飞速的成长，学习到的很多技能，一直受益至今。

由于我曾在学校里拥有学生会的经历和展现出对活动策划的热情，领导给了我很多设计工作以外的机会。比如让我参与到各种活动策划中，这是万科的优点，愿意给予年轻人很多尝试的可能。从部门活动、年会，到产品发布会，大大小小的活动我一手操办，越来越多的同事知道我喜欢活动策划，而且活动办得好，合作得舒服，每次有活动都会拉上我一起来，因此我做得特别开心。

虽然我只能牺牲所剩无几的休息时间来做活动策划，但神奇的是每当我在策划一场活动的时候，即使连熬几个通宵也不会觉得累，它好像总能带给我一种不可言说的爽感，那种成就感是其他任何事情都无法比拟的。做活动的时候我就像一台发电机，真的太快乐了，甚至可以说活动策划是能够支撑我在高强度的工作环境中保持激情的动力，它们能让我满血复活，让我充满能量。为了让我持续保持一个最佳的工作状态，部门领导会时不时派给我一个活动作为"奖励"，为我源源不断地注入新活力。对此我非常感谢当时的设计部领导，这样的赏识和鼓励给我带来了很多机会。

在万科这四年，我收获的不仅仅是对梦想的尝试与坚持，还有在高强度工作节奏下培训出的产品策划、独立解决问题以及调动多方资源的能力，同时我也慢慢摘掉了玻璃心。在困境里坚持下去，在逆境中扭转局面，这是万科教会我的。后来在九死一生的创业环境里，多次面对生死转折，绝望彷徨的时候，正是当年在万科获得的这些宝贵技能，成为了我在人生下一个战场上的武器与盔甲，让我在很多次危难的时刻存活了下来。

转型两年，月亮与六便士不可兼得

在万科的第四年，也是我 30 岁的时候，我终于做出了那个期待已久的决定：转行！投身到那个我从 20 岁就热爱上的行业——婚礼策划。从喜欢到转行，我整整用了 10 年的时间。

当时这个决定受到了身边除了我爱人、挚友以外所有人的反对。我的父亲因为接受不了这场迟来的"叛逆"半年没有跟我讲话，万科的老领导也对我不确定的未来非常担忧。他问我："你刚做完的 150 米超高层双子塔项目，将要矗立在这座城市 70 年，它会改变人们的生活环境、生活方式。你现在要做的事情可能只是一天甚至一个晚上，值得你放弃多年的专业学习沉淀和工作经验去奔赴吗？你选择矗立百年的地标，还是热闹一天的婚礼？"当时，我的心中没有答案。

时隔多年，关于这个问题，罗振宇老师在他 2023 年的跨年演讲中，给出了一个的答案："我们这一代人经常会遇到类似的价值排序。建双子塔，确实是一件听上去社会价值、经济价值、历史价值更高的工作；而活动策划，似乎只对参与其中的个人有意义。但从另一个维度来看，中国的城市化进程已经走过了大半，大城市的扩张必然将会走向平稳发展的阶段，未来的中国，真的还会有那么多座双子塔会被建造吗？大项目、大工程的机会会缩减，作为青年建筑从业者参与地标性项目的机会也会减少。因此，选择另一条实现梦想的路，是勇敢追逐，也是理性选择。"

月满则亏，水满则溢，当一个行业发展到顶峰，必定会出现收缩的局面，这是亘古不变的自然规律。所以我希望在我还有主动选择权的时候，也是在最好的事业年龄阶段，离开庞大的系统，重新去社会中找寻属于自己的生态位，思考自己是谁，存在的价值究竟是什么。

婚礼策划为什么能让我如此着迷，愿意放下建筑师的工作去追寻？

我觉得，婚礼策划是一项情感浓度很高的工作，在我看来不仅是对婚礼固有流程的策划，也是对参与者情感的策划。婚礼仪式虽然非常短暂，但对每个人的情感意义是无法量化的。如果可以通过精心的策划，在当下冷漠的关系、乏味的生活里，为参与者创造一些美好的回忆，一些温情，且对他们未来的人生产生正向的影响，这对于我来说意义很大，也一直是我想做的事情。

从万科辞职后，我遵循内心的呼唤，义无反顾地投身于钟情多年的婚礼策划行业。我进入了一家北京顶级的婚庆公司，参与了很多大型的婚礼与明星的活动。很多人都会面对的转行过渡期的经济压力，我也切实地经历了拿着每月三千元的工资艰难重启。但不可否认的是，即使艰难，那段时间的学习异常珍贵、快乐，我每时每刻都在做自己喜欢的事情，没有压力、无拘无束。

我生于大山，梦始于"山归来"

疫情之前的 2019 年，是很多人特别幸福满足的最后一年，也是我转行后创业的第一年。

2019 年的分水岭，于世界，于我，我分不清是一种怎样的转变。带着无知者无畏的勇气，和我坚持的理想主义，我踏上了新一段旅程，开始自己创业。

我是一个新疆姑娘,成长在与大自然的接触中,新疆壮阔的山河总能带给人巨大的能量,也带给了我坚韧的性格和无畏的处事态度。我带着"从大山中归来"的心境,内心向往回归山野中宁静的生活,但又不得不在喧嚣城市中实现自己的梦想,创立了婚礼策划品牌——山归来。

这个品牌名字也奠定了山归来的风格基石,我希望策划的婚礼项目多以目的地为主,去一些很难到达的地方帮新人实现疯狂的婚礼梦想。从进入婚礼行业的时候起,我就立下了一个规矩,每一场婚礼我都要做情感策划。什么是情感策划?通过与对方的深入交流,探索和提炼出对方内心深处真正需要的情感共鸣、情感释放和情感回归等心理层面的核心需求,通过活动的举办,打造一个可以让对方释放内心情感需求的场域,从而帮助客户的情感得以释放。

我们做的第一场出圈婚礼,就把我们的建筑功底用上了。

当我们第一次走进教堂,感受到"光"是这个教堂中最重要的元素。墙壁上有很多菱形的窗户,阳光透过窗格洒进来的斑驳倒影,百转千回。所以我们想在设计中为新人突出"追光"这一场地特色。但婚礼在白天,又是阳光房,没有办法采用传统灯光来营造光影,于是我们大胆地采用了丝线,通过10万米绣线的叠加,14种颜色的过渡,打造了一束流光溢彩的彩虹光瀑。它犹如一道天光从屋脊上倾泻而下,在这个窗明几净的教堂里,增添了一道温暖的彩虹。

除了如云朵般的满天星云团之外,没有其他更复杂的设计,任何多余的添加,好像都会破坏这纯粹、安静、神圣的氛围。我们一直认为设计不一定要满,但要巧,要将场地空间、环境特色与新人的喜好与设计结合起来。

婚礼结束后,教堂把它永久地保留了下来。

还有一场婚礼同样用到建筑师打造空间的能力。我致力于为客人从视觉、听觉、触觉、味觉、感官等五维的角度去营造一个场景虚拟、感受却很真实的场域。

我曾遇到一位新娘也是建筑师，因为相同的专业背景，她选择把婚礼交给我们。他们想办一场大海的婚礼，但他们的场地却是在北京的一座老厂房里，怎么在厂房里实现大海呢？我们搭起了幕帘，铺满了细沙，扛来了沙滩椅，还有各类热带的植物跟椰子。背景播放着海浪的声音，空气中也用水雾机模仿着海边的湿度，幕帘上放映着他们俩最喜欢的三个大海的视频，我们也请所有宾客着白色服装出席婚礼，当他们掀开幕帘的那一刻，惊喜地发现幕帘上、自己与同伴的身上全都是大海的画面。亲踩细沙，手握椰子，海风吹过，海浪声在耳边激荡，没有人会质疑这不是海边。

我还办了一场特别的婚礼，这是我自己的婚礼。

我带着120人到新疆3000m海拔的雪山上，来了一场大型的私奔婚礼。

我们是第一支带了这么多外地宾客到新疆雪山办婚礼的团队，新疆景区也是第一次承接这种别开生面的婚礼。因为都是第一次，过程中我们一起攻克了很多难题。

我希望可以通过自己的婚礼让更多新娘看到我的家乡新疆。疫情之前，很多朋友结婚会选择新西兰、瑞士，但需要办理的手续非常复杂。当时我在想，我们新疆就很美啊，完全可以不用出国就能举办非常美丽的目的地婚礼。

婚礼当天，外地朋友在对新疆雄伟辽阔的景观连连惊叹的同时，也感受到了新疆热情的少数民族风情。那晚我们跳着新疆舞狂欢到凌晨 2 点多，一位蒙古族朋友兴奋得"迷失"在山谷的夜色中。

这场婚礼之后，我们举办婚礼的 5A 级景区开始对内地客人开放婚礼业务，也希望与我们达成长期的战略合作。

婚礼是山归来工作室的起点，以此为契机，我们也尝试在其他领域里实践更多美妙有趣的创意。我们操办了当代艺术家孟永康先生的个人画展《不止于画》，打造沉浸式的展览动线，让观者身临其境地感受创作者当下的环境与心境，与创作者同时空交互体验；我们也打造了一场回顾与展望的大型企业年会——安泰新能源的 15 周年庆；同时我们也很荣幸受到国家华侨历史博物馆的邀请，参与了冬奥会展览的竞标设计。

创业三年，疫情三年：前路未必光明坦荡，热爱可抵岁月漫长

很多朋友问过我："创业是一种什么感受，是实现人生的理想与抱负吗？"其实我觉得创业是一个每天都发现自己并没有那么优秀的过程。由于设计专业出身，创业之初，我把大部分精力都放在产品研究上，对于创业的全运营流程并不了解，所以忽略了除产品研究之外的其他所有环节，这限制了山归来的发展，也让我们进入了很多困局：

第一，每一对客人对婚礼的梦想不同，需求不同，每一场婚礼都需要重新策划设计。

第二，婚礼项目的服务周期长，大部分都需要提前一年。

第三，疫情对婚礼、活动行业造成的重创，让我们举步维艰。

尽管山归来经历了创业的种种考验，但在2021年末之前，我依然对创业充满信心，甚至是对山归来的2022有诸多构想。但一切计划中的美好并不总会如期而至，生活总会在你开始膨胀忘乎所以的时候给你当头一棒，山归来和我也不例外。

2022年4月，我开始着手寻找核心地段的工作室场地，却因为种种现实原因在最后关头失败。面对当时难控的疫情以及各地收紧的政策，新人们对是否举办这场人生中最重要之一的仪式也十分谨慎。我们没有新的订单、没有入账，已签的项目也因为管控要求的变化，方案设计一改再改，命运最坎坷的一个项目我们做了4版完整的方案，但到今天都没有实施。6月左右，在经历了长期的异地隔离之后，我有些身心俱疲，感到自己虽然还在挣扎，但一切可能都是没有意义的，我的决心动摇了。

数不清有多少次，我的这份事业被按下了停止键。无论我多么不想

认输,不想放弃这份梦想,无论我为了拓展新的订单付出多大的努力,哪怕每次从北京南下寻求新机会都要面临双向长达一个月的隔离,好像都改变不了大趋势对行业和公司无情的碾压。有很多人问我:"你为什么还不放弃?是背负着团队的希望,公司的责任还是事业发展的可能性?"我也问自己,是什么让我始终不愿放弃。

有一天,我翻开了尘封已久的,这些年山归来创造的那一场场美好的现场和幸福感动的瞬间,我找到了答案:

是我们汇报方案时,300 页的 ppt 汇报了 4 小时,全屋听众哭倒一片,然后眼神碰撞时又仰天长笑的默契;

是我们读爱情作业时,露出姨母般的微笑,大叫着:"快把我们塞回去吧,好想重新谈恋爱啊!";

是新娘看到方案后,满眼冒着小星星,兴奋地从椅子上弹起来,说:"媛儿姐,你怎么知道我会喜欢这个,我自己都不知道!";

是在婚礼现场让新郎的 8 个天南海北的兄弟重聚,突然出现在新郎面前的震撼;

是新郎的爸爸在婚礼结束后颤抖地握住我的手,哽咽地说:"谢谢你,让所有亲朋好友重新认识了我儿子。";

是 After party 时,比年轻人蹦的还高,再次找回来青春疯狂的叔叔阿姨们;

是那位新疆的老领导,在深夜收到我们讲述梦想、对家乡的爱,以及为何要办一场雪山婚礼的长长的短信后,组织会议破格通过历经 7 个月谈判的新疆婚礼项目……

这些瞬间的价值，不止于精美布置带来的视觉印象，不止于美味佳肴带来的味觉享受，而是被我们挖掘出的隐藏在活动背后那些真挚的情感，可能是亲情、友情、爱情，或是在一个战壕里拼搏过的战友情。这些炙热的情感能够打开一段尘封已久的回忆，能够解开一个难以启齿的心结，也能温暖很多渴望爱的心灵。

在逆境之中，我的同伴拉着颓废痛苦的我重新开始工作，让我离开那个绝望的泥潭。我的丈夫一如既往地、坚定地鼓励我留下来。他曾说："这座城市承载了很多人的梦想，也承载了许多的遗憾与无奈，但我希望你是幸运的，我想送你一个三十岁的生日礼物，没有后顾之忧地去追寻你的梦想吧，其他事情让我来。"功勋从来都不只是一个人的。我不能因为挫折放弃了我的初心，放弃这么多人共同的努力和期望。

创业三年，疫情三年，我并没有打败困难，也还没有被困难击败，最幸运的是，我没有被困难定义，成为"不适合创业的人"。我依然会带着成就和打击、执着和恐惧、认可与不被理解、盈利和亏损，坚定又胆怯地走在我认为正确的道路上。我保持着那一点点英雄主义，带着希望，也鼓足了很大的勇气，告诉你们我不完美的创业故事，和"成功"故事背后不完美的我。不出意外，以为自己早就坚持不下去的我，这次又坚持下来了。

对于每个时代的人们来说，总有那么一段特殊的经历成为属于自己那个时代的独有印记。带着无畏的勇气和坚韧的信心，终于，我走过了那段最黑暗的时间隧道，又可以重新踏上旅程。这一次我更加坚定，也更加自信。

追逐梦想的路不会永远是一马平川，但走过的路，每一步，都作数。

袁媛

厦门大学建筑学本科,天津大学建筑学硕士。

毕业后在万科工作四年,2019年创立山归来婚礼策划工作室。

有着建筑人的执着、设计人的审美,对创造美的过程和呈现美的结果有着极致的要求。

微博:山归来策划;小红书/公众号/抖音:山归来策划工作室。

做求职自媒体的令狐冲：生活嘛，冲就完了

> 我相信不管在什么环境下，都有人能"野蛮生长"。

一个文科背景的非典型建筑人

建筑这个行业里最不缺的就是"大神""学霸"，当然也不缺我这种小虾米。从小我都不是大家口中的"优秀学生"：成绩在一二本徘徊，在普通的学校，普通地学习着，几次升学都和心仪的学校失之交臂。再加上身边也没有什么学霸环境，所以一直像井底之蛙一样，觉得自己也还凑合。

和绝大部分建筑人不同，我是文科生，对数理化一窍不通，对政史地倒稍显擅长。当时我选择建筑学也是阴差阳错，拿到了学校招生的单子发现建筑学竟然招文科生，而我爸以为这个专业是"学风水"，挺好，我就这么去了。

大学时，我每天忙于学校课程和各种兼职。干过服务员、后厨刀工，也送过水、发传单，做过培训机构老师，也做过领队，带着上千人去沙漠旅行，甚至还靠舞狮子挣了五十块钱……打工之外，还去学习不同种类的乐器，做各种各样的竞赛，去不同的地方实习和旅行。

而对于建筑学的学习，我是喜欢的，也觉得有趣，但是也发

现了自己的局限性。我画不出充满新意的草图，也渲不出精致逼真的图纸。我的想法时常在过于天马行空和毫无新意中徘徊。

所以说命运标好了价格，这价格就需要你付出代价，很快，代价就要来了。

偏执的考研选择，险胜一次

大四的时候我很笃定地选择考研，因为这个时候我已经意识到了学历上的巨大短板，现在不追，以后更没有机会了。

在院校的选择上，我考虑了西安建筑科技大学、沈阳建筑大学、大连理工大学、哈尔滨工业大学四个学校。有意思的是最后我选哈尔滨工业大学的原因并不是因为学校光环，而是因为从没有学长学姐考上过。绝大部分身边的同学朋友都认为我们这样的学校离哈尔滨工业大学实在是遥不可及。不过他们越不信，我越觉得自己要考："你们不行，不代表我不行。"

话说得漂亮但是行动上却跟不上，我上半年只"三天打鱼两天晒网"地学了英语和快题。等到真正开始集中学习的时候，都已经十月份了。我每天在"我一定能考上"和"啥也不会"的心情中焦虑。有时候站在学校的楼梯间里背书，也琢磨着从小到大我都没百分百努力学习过，凭什么一下就能考上，和学霸们坐在一起学习，所以如果用两三年的时间来弥补备考，我也应该接受。好在最后有一点狗屎运，顺利上岸。但回想起来实在是不该贪玩而只备考几个月，这一点毫无参考性，应该敲响警钟。

哈尔滨工业大学算是我这只井底之蛙开启新世界大门的起点。学校里各种学霸大神环绕四周，我在其中像乡下人进城，兴奋又忐忑。硕士期间我在学业上和校园活动上都认真使劲,做了不少事儿,最后结果也不错。在不断地体验中,我发现自己确实是个坐不住、爱折腾、静不下心的人,通过种种尝试,我明确了对自己的认知。

了解自己是一件很重要的事情,只有知道自己的性格、擅长之处,知道自己喜欢什么、想要什么,才能做好欲望和需求的排序,才能在人生的各个时刻做好选择。

放弃体制选择地产

虽然现在互联网很发达,但我仍然落入了"身边即世界"的认知陷阱,认为去设计院是建筑学子的自然而然且唯一的就业路径。直到直系师兄选择就职地产行业,我才知道原来建筑学生还有这样的去向。

为了快速了解地产,我先找了个无门槛的"小蜜蜂"工作,也就是发卖房传单。之后我通过面试有幸进入一家头部房企实习,开启了人生第一段地产行业经历。在实习中,我真切地感受到完成一个建筑项目需要经历漫长而复杂的过程,这很有意思。同时,相对轻松的工作氛围、同事们在专业的精进、管培生那个美味的"大饼",都让我确定了自己的求职意向,就是去地产行业。

到了秋招的季节,我投了很多家地产公司。但地产行业面试轮数多、难度大,再加上那年竞争异常激烈、第一学历的弱势和自身能力的欠缺,我在这个秋招里过得异常艰难。我不断奔走于各个城市,经历面试、被淘汰、被调剂……虽然过程充满遗憾,不过现在往回看却是很幸运的一段丰富的经历。

当时我的选择有三种——地产、设计院、选调生。

我意外地收到了某政府机关的岗位机会,只不过思索再三,我回复邮件放弃了。

放弃选调入职地产这件事很多人都觉得不理解，但其实对我来说是必然的选择。衡量工作好坏的标准并不是只有稳定，也要考虑工作的内容、性质、地点、薪资等其他方面。做出这个选择源于我本硕期间在不断体验人生中寻找到了自己的人生母题：我就爱折腾，稳定平淡的生活不适合我。

做一个求职平台，帮助更多的人

在整个求职季中，我形成了两个最重要的认知：信息很重要，朋友很重要。信息差会让我们做出很多"愚蠢"的选择，如果在关键的时候有前辈指导你一下，很多时候结果会大不相同。

我的内心萌发了一粒种子：我是否可以去做一个平台，去帮助正在求职的建筑人。这就是我们最开始做公众号的初心，当时也没有人在做类似的事情。秋招之后，我真正开始着手准备。2021年1月1日，我们的公众号创立了。当时我们在做地产求职相关的分享，做一些线上活动、模拟面试，在群里跟大家聊聊天，分享一些心得。这个时候地产依然是建筑行业人冲刺的重要选择。

到了2021年下半年地产的形势开始急转直下，各种地产公司的爆雷、裁员消息频发。所以我们的分享也变得更多样了，不仅仅是地产求职，还有对于行业的一些思考，工作中的一些感受和遭遇，等等。我们希望呈现大家在这个行业里最真实的状态，让未来的求职者谨慎选择自己是否要进入。

等到2022年，我们经历了第三个阶段，这时年轻的毕业生们面临的求职压力只增不减。于是我们开始思考该给大家输出什么样的内容？建筑生除了地产和设计院之外，还有哪些选择？所以这一次我们把角度切换成，作为一个土木建筑人，我们有哪些选择？这就是我们到现在在做的一些东西。

虽然输出了很多转行的内容，但我也很不认同把转行当做是建筑学生的"唯一解"，尤其反感某些转行成功的人对依然在建筑行业里的人嗤之以鼻。每个人的境况和需求不同，为什么要那么狭隘地用自己的想法要求别人？这个专业虽然有痛苦，但也培养了大批人才，他们的付出为城市的发展贡献了很大的力量。

外界的坏声音已经足够刺耳了，如果你还喜欢建筑，想有所作为，那不如铆足精神向前冲，不管在什么环境里都有人可以成长得很好。

做这件事，我一个人不行

公众号从最开始的六七个人，发展到现在二十多个人的团队，我也经历了很多小伙伴的去留。我自认为不属于个人能力很强的人，所以很需要有朋友伙伴共事。

本着"做东西就要好好做"的想法，我们团队从起名、排版、做LOGO，到做海报、做活动、写文案都经历了再三的考量，希望我们做的东西有阅读价值。这个过程里经历了不断的调整，甚至现在我回看曾经做的东西有些都难以直视，但这个过程还是很有趣的。我们几个人各有分工，有人负责做设计，有人做社群，有人写东西。重要的事儿大家商量着来，每天都在琢磨怎么能变得更好。

慢慢地公众号的关注量越来越多，工作也越来越繁重，因为每个人都是业余时间在做这件事，所以精力也有些不足。于是我们就决定招募一些在校的学弟学妹们，对运营公众号感兴趣、愿意和我们一起做求职帮助的小助手。

求职小队从最开始的只做公众号，发推文、做活动，运营社群，到后来的多个平台、文章、视频的丰富，我们要做的事情越来越多。粉丝有了几万、文章发了几百篇、活动也办了上百场。这些活动无一不是小助手们在背后辛勤付出。

但是由于小助手本身的流动性，团队的更新速度也很快。为了让新人更好地上手工作，也为了更好地管理团队，我开始制作很多标准化文件，比如社群运营的话术模板、公开课的准备流程、线上培训的点评表、课程问卷调查，等等。我希望所有的活动都能有让任何人能够快速上手的模板，团队成员能够清楚我要做什么、别人要做什么、我们团队要实现什么样的效果。

到现在我已经陆续招募了快上百个小助手，大家都给这个平台注入了活力和生机，平时更多的时候我们也在嬉笑怒骂分享生活。在这样的氛围里才觉得做事情有动力，有想法，能实现。我想这就是团队的意义吧，总是能在一些时刻给人一些力量。如果只是单打独斗很容易泄气，更何况是运营这样一个需要人劳心劳力又没有多少回报的平台。

初心之上，赚钱也很重要

大家总以为自媒体来钱很快，赚钱容易。实际上在 2022 年我们才开始有了一些收入，在年底才能为团队的伙伴提供微薄的奖金。最初，免费课程导师都是靠我用面子"骗"来的，为粉丝发红包送奖品做台历也是我们自掏腰包。偶尔靠零星几个广告"回血"，更多时候是我的工资倒贴公众号，就这样我们才勉强坚持了下来。

赚钱从来都不是一件容易的事情，或者是我们没有什么赚钱的天赋。

做自媒体必须先吸引别人的关注，满足了别人的需求、产生了价值才能够变现。其实，如果从旁观者角度来看，我们做得并不好——几十个人共同运营一个平台，收入却不过寥寥，人均效率并不高。但是，也因为这样，每个人都花一点精力，大家都不会很累，才是我们持续运营的诀窍之一。

运营一个账号靠的是热情和想法，但是持续的运营一定是要有反馈支撑的，也就是进一步变现的方法。对我们来说无非是两个路子，一个是靠 B 端的广告投放在推文、社群、视频这些途径，主要投放的对象是招聘的公司还有一些培训机构。但这几年广告商的日子也不好过，大家都没钱了，这部分的收益几乎没有。

另一个路子就是 C 端的授课，也就是求职培训的部分。从我们早期的免费到低价课程再到价格一步步提高，慢慢地达到了我们预期的目标，开始有了比较稳定的变现方式。虽然和很多培训机构大赚特赚相比差得太多，但是起码我们能不再往里贴钱了，这已经是个进步了。既能帮助别人，又能赚钱，这个事儿我觉得挺有意思。

新的赛道，冲就完了

随着《令人心动的 offer 第四季》建筑师季开播，我也被勾起了许多回忆。作为文科生，学了八年建筑，我对建筑学的心态就四个字：又爱又恨。

建筑学是一个综合又复杂的学科系统，它对人的塑造是潜移默化的。它锻炼了我很多能力，让我见识了更广袤的世界。身处在行业的漩涡里，我踏上了做自媒体的多元就业之路。当建筑人的梦想变成空中楼阁甚至都难以满足温饱的时候，谁还会关心德国馆的玻璃到底用了几颗螺丝呢？

相比于在这个行业里的大部分人来说,我是非常幸运的。最近我又参加了一家公司的面试,当时面试的内容 90% 围绕着"求职小队"公众号展开,过程相当轻松。面试官最好奇的事情是我到底靠什么聚集了一群"无偿干活"的优秀人才,已经入职的小伙伴为什么还在团队中干活,我在自媒体中遇到最大的困难又是什么等这些我切身体验的问题。

坦白讲,听到这些问题的时候我很诧异。团队至今仍然"健在"的诀窍在于"各取所需"。我们团队的小助理都转行成功或是找到建筑行业内心仪的工作,这或许就是一种价值交换。我们的定位之一是做土建类求职转行信息分享,所以团队里的成员们都必须花很多时间和精力去研究其他行业。因为如果我们不懂,就无法输出有用的内容。最初我们对地产之外的行业都很陌生,重新开始学习其他行业的相关的知识是算是一个重新梳理的过程。在研究其他行业的过程中,团队中的小伙伴就拥有了更广的视野,也比其他人多了层认知。我们共同成长。我们之间并非只是职场中的"同事",而更像是志同道合的同路人。能够认识相似价值观的人非常难得,我想,这就是大家毕业入职之后仍然没有退出"求职小队"的理由之一。

在自媒体中遇到最大的困难是一直都有困难,每天会遇到不一样的困难,持续的困难。无论是对外还是对内,困难总是接踵而至。无论是方向还是执行,我们都吃过很多亏。比如做类似平台的自媒体团队很少,导致我们几乎没有能够参考的对象,只能摸着石头过河。而如何给予团队持续工作的动力也是困难之一,我需要不断地去探索并满足团队的需求,抓住共性,才能和团队一起走得更远。

其实,不管做什么内容、在什么平台、有什么目的,坚持永远是最难的事情。"求职小队"是非常典型的"笨鸟慢慢飞",我们飞得很慢,可我们一直在飞。我看过太多人半路放弃,也深刻体会到了"一个人走得快,一群人才能走得远"的含义。

一开始我也不知道自己能做多久,但是我坚持到了现在。

2023年,我们依旧在路上。

我是令狐冲,生活嘛,冲就完了。

令狐冲

哈尔滨工业大学建筑学硕士。

公众号、B站、小红书等平台"求职小队"主理人,个人公众号"令狐冲剂"。

第三章

CHAPTER THREE

人生不设限

　　人生的精彩在于，谁都不知道十年后会发生什么故事。很多时候，是我们自己给自己套上了枷锁。卸下社会期望，走出象牙塔后，我们真正向往的是什么？也许是在音乐舞台上挥洒青春，在山间自由地奔跑，甚至投身地摊经济卖烧烤，人生有无限可能。

葡萄不愤怒鼓手陈勃翰：
要多方位接触非专业领域的新鲜事物

> 勇往直前，永远不退缩
>
> 就算失落太阳依然会从西边落
>
> 不变的是我迷途未返的执着
>
> ——葡萄不愤怒乐队《迷途未返》

主动选择，为之奋斗

我是个很难对我不感兴趣的事情注入太多感情的人，这种明确的自我认知让我非常清晰地知道自己想要什么，也明白自己该往哪个方向努力。建筑和音乐都是我主动选择并为之奋斗的学科，它们相互成就。

我其实是在高中就已经开始玩乐队了，上大学之后认识了我现在乐队的兄弟们，这一段故事非常机缘巧合。我在高中时就听过葡萄不愤怒乐队的歌，原本以为是一个非常成熟的乐队，猜测乐队成员的岁数也应该是在二十七八。后来通过微博，我和主唱互相关注，建立起了联系。很长一段时间里，我们聊音乐，聊审美，聊创作，在很多方面都非常认同彼此的观点。后来我考到了中国矿业大学（北京），拿着铺盖走进宿舍楼才发现，原来主唱跟我一个学校，甚至跟我在一栋宿舍，是比我大两届的学长。一切都是缘分，仿佛命运在帮我做选择。

就这样我开始了一边做建筑，一边玩乐队的日常。乐队的日常生活不同于台上的绚烂、热烈，更多的是平淡而规律的日常，创作、排练、录音、演出、开会总结……也会遇到很多困难，但因为大家音乐理念相符，共同克服困难的畅快让我们觉得自己还是曾经的热血少年。除此之外，我们也是很好的朋友。日常空闲之余我们也会聚在一起露营、遛狗、喝酒，聚在一起吐槽，看着天上闪烁的星星，做做摇滚巨星的梦，笑谈都散在风中。

我们乐队的四个成员都是理科出身，有人会觉得这种反差感让人非常着迷，也会有人觉得有些割裂，一个玩乐队的人竟然是和公式、方程为伴的理科生？对此我有一些自己的看法。我觉得学理工科和玩音乐其实一点不割裂，而且这种跨度感会给两方面的创作和研究上带来相互的灵感和启发。很多时候人们是被自己困住了，在传统的认知中对于专业的从一而终可能是对理想最高贵的表达，但我觉得认识它，超越它，领会其中的精髓，把它活学活用才是最适合我的方式。

我们每天在各种社交媒体上阅读各种消息，当今时代的信息爆炸让人感觉很迷茫，如何从大量信息中做出筛选，是一种智慧。我认为当下时代应该抱着一种多元化交叉的心态去接受不同方向的信息，"一条路走到黑"的方向不能说是错误的，只能说长此以往个人的视野和思维都会受到局限，无形中限制了更多潜在的发展空间。人还是要多方位地去接触自己专业领域之外的新鲜事物。

其实很多学科都有一些共通点。音乐的创作和建筑的创作在某些程度上更是有异曲同工之妙，它们共同塑造了现在的我。几年的建筑学习经验造就了我多元审美，透过审美看创作的眼光。通过欣赏、吸收不同感觉的建筑，可以让我更好地去理解不同创作者在进行建筑创作时所拥有的心境、所处的时代背景，并透过这些去洞悉一些自然现象背后的道理。这种不同的审美投射到建筑创作时也会为建筑本身带来不同的人文色彩，从学习到工作，似乎一切都很顺理成章。

一个人从自己的爱好出发，研究自己喜欢的事物，是很幸福的。我的研究生毕业论文写的是"音乐和建筑的通感"，这种水到渠成的发散既能为我八年的建筑学生涯画上句号，也能帮助我以后的音乐创作。从爱好出发的研究是非常滋养人的，我打鼓的时候，一个音符可能带给我论文的灵感，在我创作的时候，多年的建筑学习也会给我一定的助力。所以在拟定论文方向的开始，我就把目光放在了"探究建筑和音乐之间的关系"上，有两点原因，首先建筑和音乐都是我确实感兴趣的内容；其次在我这些年的实践中，也发现他们之间的的确确也存在着一些只可意会不可言传的相似感。不仅可以通过兴趣本身去激励自己主动地进行论文研究，并且能够沉浸其中，挖掘其中的学术价值，也使我产生了很强的自豪感。

前路漫漫，热爱陪伴

我感谢建筑和音乐带给我的一切，这两个学科就像硬币的正反面，交织了我整个大学和研究生生涯，也将持续影响我的人生。我被好的作品点燃过，鼓舞过，并将继续努力去传播音乐能量。作为一个即将毕业的研究生，我和很多建筑学子一样都是处于同一阶段，都在自己的道路上摸着石头过河。但是我觉得每个人的人生都应该是独一无二的，与其建议大家"未来的路怎样走下去"，倒不如坚定信念，虽然前方的人生不一定正确，但一定会热爱。另外，大家永远不要忘记路途中与你们并肩前行的同学室友们，不管每个人的未来如何，大家应该永远不要忘记彼此。

想说的话还有很多，文字前的你可能在天涯海角，记得来看我的演唱会，记得我们的人生还有更多可能。

陈勃翰

中国矿业大学（北京）建筑学八年本硕，葡萄不愤怒乐队鼓手，代表作《迷途未返》。

微博账号"葡萄不愤怒乐队"，欢迎来玩。

热爱定向越野的奔跑者严逊：
每个人是自己的第一责任人

> 对于运动，我不仅要当一位爱好者，还要当一名从业者。

我喜欢思考，也喜欢运动

我叫严逊，学的是暖通空调。我喜欢思考，在上学的时候，我最爱的娱乐活动之一是推导课本上的公式。我总觉得成功推导出一个公式的快乐不亚于证明了数学猜想。我喜欢去探索本质，也受益于寻找的过程。与此同时，我又是孤独的，几乎很少有同学和我有相同的爱好。

我的另外一个爱好是运动，无论是哪类运动我都能津津有味地参与。中考时，很多同学都为要考体育而痛苦，我却为此开心。运动令我兴奋。大学时，我的羽毛球实力达到了院队的水平。在我上了两个学期的高尔夫球课后，教练也曾问我要不要代表学校参加高尔夫球比赛。这倒不是说我对高尔夫有多大的天赋，只是想尝试这项运动的人本就不多，常年运动的我比旁人多一些体悟，在不断练习后就显得进步稍快了一点。

幸运的是，我遇上了思考和运动完美结合的小众运动——定向越野。研究生时，我曾参加一场森林定向越野。在森林中，所见皆自然：湿润的泥土气息、参天的密林、有露珠的深绿树叶，以及散落在地图上和林间的打卡点。我奋力思考，脑子里浮现的是路线图指引我如何穿越森林，经过一个个打卡点。从开始沉浸式参与定向越野的那一刻，我的内心似乎产生了一丝悸动：我喜欢这种感觉。

我喜欢在森林中奔跑，也喜欢在森林中思考。定向越野这项运动本身也起源于森林之中。

"一边下象棋一边跑步"

那么，什么是定向越野？有一个很俗气但很精准的形容——一边下象棋一边跑步。也就是说，作为参赛者的我最开始会拿到一张地图，地图上面有若干个点。我需要拿着指北针，根据顺序打卡各个点标，越短时间内到达终点就能得到更高的名次。看到这里，我猜你可能会说：听起来很像一个游戏。

是的，对我而言，它就是一个迷人的游戏，一个迷人的策略类户外游戏。

从出发的那一刻，我的大脑就开始不断地思考：每个点相距几十米到几千米不等，怎样才能用最短的时间到达下一个点？我把地图当做考卷，似乎又回到了在课桌前推导公式的状态，我沉浸其中，几乎忘掉了沿途中的风景，我目标强烈，只想要冠军。对我而言，这是竞赛，要拿第一。

那时候，我把定向越野当做一个爱好，它是我生活中乐趣的来源。但生活不止有快乐，还需要面包。在求职季，我把目光投向了地产。

离职地产，入局定向越野

秋招时，我沿着暖通学生既定的路线把自己的目标定在地产行业。

我投递了无数简历,最终作为管培生被一家央企地产录用,担任机电工程师。对于第一份工作,我同样追求社会认可度和世俗意义上的"成功"。一份光鲜体面的工作,不止是自己的要求也是父母的期盼。所以,最终我选择了央企。在央企地产,我收获了三点。

第一,规范的流程化。大公司有自己的体系,任何一个流程都有SOP。我作为新员工,只需要按照流程办事,这减少了很多无效沟通。这样成熟的规范与体系让不同的人做相同的事情效果很接近。

第二,对行业的认知。我是暖通专业,这个专业在地产这个大行业中并非主导地位。在工作日常中,我了解了一个工程究竟怎么才能落地,中间到底要经历什么样的过程;我了解到各个部门的权益斗争,从更高维度理解了行业本身;我了解了工程行业中理想与现实中的差距。

第三,提高了沟通能力。那时候能进央企地产的同事个人能力都相当出色,从领导和同事身上,我学到了许多人际交往的规则,我不断从中汲取能量。在地产公司,沟通比你想象中重要。

对于第一份工作,我的目标是挑战自己——无论自己喜欢还是不喜欢。但随着我能力的提升和职场更高的要求,想勤勤恳恳地把任务完成,工作时长增加也是非常合理且必然的事情,跑步便再也没法继续。学生时代我的运动好习惯的养成多是因为要训练才严格要求自己,现在没了束缚便一切都没了关系。入职前,我以为我已经做好了全盘接受的准备,但事实是没有。

长期缺乏运动让我无法保持积极的状态,于是我开始考虑转行。我想到了持续了八年的爱好——定向越野。我不仅要当一名爱好者,还要当一名从业者。转行于我只是放弃了一份薪资还算丰厚、稳定的工作,去追寻自己真正想要寻找的东西。

其实，在秋招时我就曾面试过体育行业。对方因为我的高学历婉拒了，他们认为像我这样的人留不下来，也无法为我开出合理的薪资。我很受伤，可是也不由开始思考：体育行业到底需要什么样的人？

从央企辞职后，对于这个问题我有了更深入的思考。我始终觉得，热爱很重要，体育行业尤其如此。因为热爱才能够让人真正享受到乐趣，在遇到困难的时候，才会去想克服它，才能够把工作做好。同时，定向越野并不是一个相对成熟的行业，它还在野蛮生长。这样的外界条件下就需要更有冲劲的人，而热爱则是拥有动力的因素之一。

除了热爱，思考能力也很重要，这是属于我们自己的、可迁移的能力。在入行前，当我作为选手参赛时，我觉得比赛就应该设置更难的路线，为高手提供"竞赛"氛围，我本身也期待和更多的高手一同竞技。而真正踏入这个行业之后，我才窥见了自己当初见识的局限性。作为赛事组织者，应该让赛事更面向大众，让不同年龄、不同水平、不同阶段的选手都能够参赛。如果只是小范围内的小众比赛，行业的生命力会受到折损。好的行业、好的比赛应当是面向大众的，当有更多的人参与进这项赛事之后，才能有更多的未来。当定向越野行业真正进入大众视野后，真正的考验才开始。

于是，从地产辞职后，我来到一家国内最早做定向越野的公司工作，做赛事策划和现场执行。工作内容是在赛事筹备阶段发布通知让选手报名，解决场地、地图、参赛物资、人员安排等问题。在活动举办当天，我需要在现场布置场地、处理突发事情等，保障活动正常进行。

机会、野心与现实

从央企地产到世俗意义上的"小公司"，对我而言最大的冲击是现金流。在央企地产,每个月单单支付的工程款就有几千万,而如今我所在的定向越野公司,别说利润了,每个月的销售额就让我心惊。在淡季时,公司的账上几乎没有收入。我不由想,这样的现金流要怎样才能活下去?想始终是想,现实是我们公司确实活下来了。大公司有大公司的规范,小公司有小公司的智慧。一次赛事收入可能足够养活我们这几个人。

我在 2022 年 5 月入职。当时,疫情管控较为严格,审批部门不允许举办大型赛事。而那年的夏天,户外运动仍然是一个热潮。人们热爱露营,公园都显得不够用了;人们希望徒步,媒体网站上涌现了许多深度徒步攻略。人始终有"走出去"的愿望。于自然而言,人是渺小的;于人而言,自然是充满奇遇的。

2022 年 11 月,体育总局、发展改革委等八部门联合印发了《户外运动产业发展规划(2022—2025 年)》,文中 6 次提到了定向越野,并且提出,到 2025 年户外运动产业总规模超过 3 万亿元。同时,2025 年世界运动会将在成都举行,定向运动正是 2025 年成都世界运动会的正式项目之一。

政策带给我们更多的机会。在申办冬奥会的时候,中国曾向国际社会承诺"带动三亿人参与冰雪运动"。在这样的契机之下,冰雪运动的市场规模陡增,蓬勃发展。而定向越野如今也拥有了类似的机会。我希望在此政策下,定向运动在三年内有一个小小的涨幅。

我的梦想,是和我国的定向越野行业一起成长。我希望更多的人接触定向越野,享受它的乐趣。我的野心,是做一个有足够影响力的森林定向越野赛事。

我曾研究过国外定向越野行业的发展,一个字形容,难。几十年的历史中定向越野仍然只是一个小众运动,发展相当坎坷。没有一个赛事在最初就能够吸引到很多人,它发展了 20 年、30 年甚至 40 年后,往往才会进入到下一个阶段。日本有一个著名的跑步比赛叫箱根驿传，它已经有 99 届了，可是在 40 届以前它基本没有进入大众视野。

我真正意义上的初次定向越野体验是前文提到的森林定向，和城镇定向比起来，它对参赛人员而言有更大的吸引力和生命力。国外有许多森林定向的赛事，比如瑞典五日赛。它发展了很多年，每年都能吸引两三万人参赛。在定向中，超过一千人参赛都能够算作大赛事了，这个比赛能吸引两三万人，而且口碑很好，确实有其过人之处。

我国的森林定向发展较为缓慢，这是基于便捷性、安全等方面的考虑。中国疆土辽阔，拥有最丰富的场地类型，今后定向越野也许能够在更多类型的场地中举办，它可能是荒漠戈壁、海岛、丘陵，或是高山、城镇、村落、公园。而我的理想，就是让国内也举办很多场地类型的赛事和活动，形成百花齐放的状态——了解它的人越来越多，参与进来的人也越来越多。所以，从其他国家发展的艰难中，我一直在告诉自己：这件事是很难的，但是充满希望。我坚定不移地想实现梦想，实现梦想的途径之一就是躬身入局：真正进入这个行业，观察它的运作模式，认真策划每一次活动，在执行过程中根据反馈优化流程。我对行业的观察不仅仅来自具体的赛事，也来自领导和同事。有些领导并非定向越野狂热爱好者，但他懂如何去做一个活动，包括如何和当地政府对接，在哪里放指示牌，怎么去协调志愿者和参赛人员。领导的魄力和思维方式给了我很好的指引。行业能做大，需要金钱的流通。有赚钱机会，才会有更多的人想参与进来一起赚钱。公司的伙伴们让我明白了怎么当一个合格的组织者。

每个人都是自己的第一责任人

回想专业，我依然很喜欢暖通。

暖通是一个传统行业,它和生活息息相关。2022 年夏天多地高温,有的空调没办法制冷;在北方,天气冷时空调没办法制热……如果没学过相关知识对此就会产生疑惑,而学过暖通的我就能够运用专业知识理解这些生活现象。那是我人生中很宝贵的七年,我从中锻炼了自己的学习能力和逻辑思维能力,我很感谢它。虽然如今我已经彻底转行。

和在地产工作时相比,我在定向越野行业中并没有存到什么钱。当初在地产公司我多数时间花在建设项目上,日常消费很低;而如今在深圳,房租和消费都变高了。可是我对自己很有信心,我坚信我以后不会是这样的水平,也坚信行业会变好。就算这个行业再次下行,我成为了彻头彻尾的失败者,我也有能够快速入局其他行业、养活自己的信心。

"每个人都是自己的第一责任人",这句话在 2022 年 12 月很火。对我而言,这也是恒定的真理。每个人本来就应该为自己负责,我们做出的每一个选择,都应该为自己而做。

严逊

同济大学本硕。

在某央企地产辞职后,入职定向越野公司担任赛事策划和现场执行。

2018年全国学生定向锦标赛接力赛第一名、中距离赛第一名、团队赛第三名。

2019年全国定向锦标赛接力赛第四名。

5000米 PB 16:38;半程马拉松 PB 1:16:30。

摆摊卖烧烤的朱照东：
做一件大家都想做的事

> 烤架上因热气不停扑腾的是苕皮吗，不，是我热辣又滚烫的人生。

理想主义者的选择

我更偏向于一个理想主义者，在本科刚毕业时对社会怀有憧憬，对行业也充满热情。但工作与学校巨大的反差让我这几年屡屡遭遇事与愿违的情况，而我不愿躺平接受。

当理想与现实发生冲突，就到了做出改变的时候。

无论行情如何，裸辞是个人选择，当我坚定现状不是我想要的时候，离开就顺理成章了。选择地摊经济摆摊卖烧烤更多是个机缘巧合，我偶然发现小区楼下有个哥们在摆摊卖烧烤，他是个很有意思的人，曾经也做房地产相关的工作，后来转行搞婚庆，因为工作时间比较自由，便鼓捣在业余时间做烧烤摊。我从他身上得到了启发：做烧烤工作强度较低，自由度高，利润高，也有对口味的核心技术要求；四川人自由肆意，只要味道做得好不在乎是地摊还是店面，不愁没有客人。

无须想太多，说干就干，我立马就辞职去学烧烤了。我去找哥们做学徒，学习如何备摊，如何串串，如何烤制、撒料，甚至细节到如何打包，在这个过程中我才深刻明白"做餐饮无小事"。后来我还去了其他好几家烧烤店学习，取各家之长。在整个过程中我都是免费劳动力，因为我知道自己内心要的是什么，不会去计较中间过程的得失。

这一次，我自己当老板

学习了一个多月后，当我觉得自己可以包揽整个过程——选品、备货、串串、出摊、烤制、售卖、复盘时，我就准备单干了。我和女朋友一起在咸鱼买了个电三轮，我们请人加了金属的框，定制成烧烤台架，就这样，两个年轻人怀着激动和喜悦的心情，正式成为了摊主。

在正式出摊前我做了细致的市场调研。我选址的地方在成都南三环靠近金融城的附近。这里住宅多，年轻人也多，周边生态丰富，有很多写字楼、酒店和酒吧，住宅保证晚上 6~12 点不愁客流，酒吧能让凌晨 1~4 点也有人气，同时昂贵的店面费营造了良好的地摊市场氛围：烧烤、冰粉、小龙虾，各类小吃应有尽有。

在选品上，我们选择少而精的思路，把每道菜品的味道都做到极致，主打面筋、苕皮和五花肉。每一道菜都是我们自己去市场买回来腌制，非流水线工业品。肉类和蔬菜为了保证新鲜度，每天必须卖完不会过夜，所以我有时会在临收摊前多送几串给客人。其实大家会慢慢发现，年轻人搞餐饮更注重卫生。分工上我负责烤，女朋友串串和打包，很多时候车刚摆上就一群人围着要。曾经我以为摆摊是细水长流，但后来发现餐饮营业会有高低峰。刚开始我们手忙脚乱，熟练后就能从容应对，有序安排客户等待。我们也在不断调整自己的工作流：早期是来一个人烤一串，但人一多就输出太慢，后来我们在低峰期提前将菜品烤成半熟，压缩客户等待时间。

当我掌握属于自己的烧烤技术,将装备和食材放上车推到马路上迎来第一个顾客时还有点紧张,但是在食客中的反响还不错。摆摊第一天我女朋友发了个小红书,当时只是想做成个 plog 来记录生活,没想到当天就爆了,吸引了众多朋友,包括大学同学和老师纷纷前来支持。

虽然听起来很好玩,但摆摊的辛苦一言难尽。炎炎夏日 40 度的高温,冬季街头稀疏的客流量,都是对我们这种小本生意人的巨大挑战。但我的身心依然充满了愉快,毕竟卖一串就有一串的钱,越熬越上头,越卖越想卖,甚至巴不得打地铺时刻守在摊位前。反之在设计院加班到通宵,也不见得有多少加班费。若能抛开"坐办公室才是体面工作"的思想包袱,一个能自己当老板的工作是多么惬意。天大地大,开心最大。

摆摊中的快乐点滴

我在夏天开始摆摊,营业初期就有不错的客流量,让我错误地以为地摊经济是件容易的事。但随着时间推移季节变化,下降的气温也带走了想吃烧烤的顾客们。年轻人搞事业就是不会轻易轻言放弃:面对冬季的行情冷淡,我们自己配送外卖,并且组建了一个外卖群,良好的口碑让顾客愿意为我们老带新,推荐更多的朋友前来消费。线上销售补充了冬天损失的人流,客人的支持成了我们坚持下去的底气和决心。摆摊并不只是裸辞后的一时兴起,我们依然在踏踏实实地卖烧烤。

夜市的生活充满了人间烟火气,我的每一天都是轻盈又自然的。这个小小的摊位成为我认识外面世界的窗口,我终于不用每天面对散发幽幽冷光的显示屏,而是遇见各种各样活生生的人,我在和这个世界产生更多更深刻的联结:

有加我微信，每天下班前都提前和我说要点什么菜的小妹妹；

有忘记付钱会在隔天特意过来补交钱并又买了几串的忠实顾客；

有在凌晨街头打麻将到两三点意犹未尽过来买烤面筋的孃孃们；

有在小红书上经常追着我问今天是否出摊，慕名而来的网友；

有提供我如何更好营业建议的不苟言笑的城管大叔；

有出来遛狗时顺便吃烧烤，让我在工作之余还能顺便撸狗的"铲屎官"们；

有在摆摊之余互相闲聊，你请我喝柠檬茶，我请你吃烧烤的隔壁摊主。

你上班能喝酒吗？我摆摊可以。

我也曾遇到一对夫妻带着个小男孩来吃烧烤，小朋友一边眼巴巴地等着烤面筋一边说："妈妈，我长大了也想来烤串"，他妈妈说："可以呀，你看叔叔阿姨烤面筋多快乐呀"。原来积极的情绪是如此的有感染力。

盘下小店，迈向新旅程

曾经我想做的是通过摆摊把客户基础在这块辐射范围内稳定下来再拓宽，而如今时机已到。这半年的摆摊生活为我留下了许多感情深厚的回头客，他们的支持是我进一步拓宽商业版图的动力与信心，同时因为成都在创建文明城市，也对摆摊这种模式带来了一些不确定的因素。

我依然发挥当初裸辞决定去摆摊的高效执行力，在2023开年复工后就去考察店铺，考虑到自己的预算和未来的人力，我选择在一个十几年老小区的安置房附近租店。这里人流量稳定，周边配套成熟，且原店主也是做餐饮的，为我留下了许多厨具、桌椅。我站在空荡荡的店铺里无比欣喜，未来在这里我可以更好地实现自己认可的价值，生活有无限可能。我可以为客人们准备酒水、冰粉，夏天搭配售卖小龙虾、生蚝，让他们在繁忙的生活节奏中享受一点夜生活的畅快淋漓。

摆摊是正式开店前一个很好的过渡方式，我在这半年熟悉了餐饮的全流程和待人接物的方式。通过摆摊我在不断验证菜品的市场需求，准备在未来进一步提升荤菜的占比并补充海鲜菜品，也用自己的真诚获得忠实的客户群和小小的"建筑师转行卖烧烤"品牌知名度。虽然自媒体带来了不少流量，也有人建议我专门直播卖烧烤，但我的初心是为大家提供美味的食物而不是做网红。从业半年后，我们依然在意每位客户的评价和这个小摊子的口碑，这才是能长久做餐饮的根本之道。

生活是自己选择的

都说成都是个很悠闲的城市，但那可能只对老年人而言。现在成都常住人口有2100万人，机会就那么多，交府大道的写字楼夜夜灯火通明。我不想依赖父母，想靠自己，追求更有效且有价值的工作。互联网金融当然不错，但我们不了解，于是我们选择一个入门快，门槛相对较低的新行业。转行取决于自己的需求和选择，人和工作都没有十全十美，我偏重于收入和自由度，便愿意承受相对比较恶劣的工作环境，这是我提前预料到的，便坦然接受。

我们两边的父母都没有什么反对意见，双方的老人都很开明，也相信一个最朴素的道理：既然已经做得不开心了，那就去找一个做得开心的工作。反正现在还年轻，想去做什么就去尝试。我有一个朋友转行卖保险，虽然是从零入门什么都不懂，但他说他一两个月汲取的新知识比之前上班一年的都要多，每天都充满干劲。这样就挺好的，能让人的生活变得积极的工作就是好工作。

可能别人会说大学生把摆摊卖烧烤作为正式职业有点拉不下面子，但比起一份我一想到上班就暴躁的无休止画图工作，我更想去做我想做的事情。当我觉得我在摆摊卖烧烤这份工作里可以糊口、受到认可并愿意长久为之努力，那这个转行的方向就没有什么问题。读完大学出来摆摊并不是一种浪费，我还有学习的能力，便有赚钱的工具。更何况餐饮行业本就是一片红海，未来还有太多不可知的挑战，身在其中也能得到坚韧的成长。

我从未想过能影响别人，摆摊后在现实世界和在网上都认识了许多可爱的人，甚至有个朋友说受到我启发下定决心去卖鸡爪，这种积极的影响令人惊喜，原来我这束渺小微光也能照亮别人的前路。"我不画图了，我要去摆摊"不再是一句调侃，我们是在认真去做。勇敢迈出第一步，不必在乎别人的眼光，闷着头干就完事了。最难的莫过于打败世人既定好的安全路线：读书读研有个体面工作。我们曾长期焦虑，后来才懂得焦虑的本质是想得太多做得太少。选择自己想要的生活，而不是让生活选择你。

或许生活的意义就是这样，我们只是跟大家聊聊天，谈谈人生，顺便摆了个摊。

朱照东

2019年建筑本科毕业,在设计院工作三年后裸辞和女朋友摆摊卖烧烤,目前已盘下店面。

小红书账号"热心市民不打烊"。

做管理工作的瑜伽师小寒：
理性发展才能行稳致远

> 喜欢只是尝试改变的第一步，以发展为导向并拥有持续学习的动力和热情，才能将职场道路走得更宽更远。

运动与画图，学生时代生活的重心

因为从小学绘画，我从初中就开始对建筑心生向往，高中阶段优异的物理和数学成绩更是让我下定决心大学要读建筑学，因为建筑给我的感觉就是物理和绘画、感性和理性、文科和理科最好的结合。甚至从高中开始，我就已经在看《设计物语》《建筑学报》之类的刊物。高考后，我以建筑学的排名来选择大学，最后来到山城，来到重庆大学。

若你认识现在苗条健康的我，可能很难想象我曾是个大基数女孩。因为我经常熬夜赶图，深夜进食，作息紊乱，整个人都陷于浮肿焦虑的状态。在很多个痛苦流泪的夜晚，我发誓一定要瘦下来。

我最开始选择的方式就是跑步，从10圈，20圈，到稳定单次跑步10公里以上。从大三我开始接触健身撸铁，逐渐养成有氧配合无氧的训练模式。渐渐地我在运动中甩掉了多余的脂肪，也告别了那个自卑焦虑的自己。可以说,我的学生时代除了画图,其他时间都在运动。

看似感性的选择,实则理性的评估

本科毕业后,我拿到了 UCL 建筑硕士的录取通知书,我在申请留学时也在同步找工作。那年工作不好找,我是当时被录取进中国建筑西南设计研究院唯二的本科毕业生。可能现在看来,放弃 UCL 的硕士录取通知选择本科毕业进入设计院并不是大多数人认为更好的选择,但在当年工作难找的大环境下,大家出国读书更多是因为找不到心仪工作的被迫选择。即使出去读完书,回来还是要面对找工作的困境。所以当时能有这样一个工作机会我非常珍惜,也希望能把出国读书需要的五六十万的费用省下来。之后我把这些钱用在了工作之余去欧洲旅行,整体对我来讲反而是更好的选择。

踏入职场后,一开始我还能专注于做比较单纯的设计工作。但有些无休止的反复修改、低效的配合、长时间的会议、突如其来的变更都让我很难按正常节奏推进项目。这些经历都导致我对行业的兴趣一点点磨灭殆尽。我渐渐意识到我的不适应不是一个短期内能解决的问题,于是我萌生了转行的想法。

可能有些人觉得我看起来放弃出国深造选择本科就业,疫情初期放弃稳定工作选择转行瑜伽都是很感性的选择,但其实在我当时的境况下,这都是我反复斟酌利弊衡量得失后做出的理性选择。对我来讲,放弃沉没成本的另一种说法其实是选择另外一条路。我有一个方法,就是在对比两种选择时,把明确的优势和劣势,不确定的因素都列出来,然后再和自己展开一场深入的对话,从各个角度权衡哪些是我可以承受的,哪些不可以。我的很多选择都是这样做出来的。转行看上去是很感性的选择，但其实背后要有理性的评估做支撑。我们不能在自己情绪不好的时候做冲动的选择。

工作的成长，是一点点运气和很强的实力

我找到瑜伽老师这份工作是有点运气成分的。

2020年疫情刚开始，我去参加了瑜伽的培训，又拿到了在超级猩猩工作的机会。这个经历简单而幸运：我在教培毕业的当天，不小心落了一根项链在超级猩猩的跳操房里，因此加了他们负责人的微信。那个负责人看到我的朋友圈询问我是不是瑜伽老师，有没有兴趣去超级猩猩试一试。于是我就应聘到了这个岗位，很简单地加入了超级猩猩。这件事放在两年后的现在基本是不可能的，现在想进入超级猩猩成为一名瑜伽教师的流程非常复杂，需要经过一层层的筛选，而我当时甚至在完成瑜伽教培后都没有经历找工作的这个过程，没有去其他瑜伽馆里经受可能会有些"丧"的磨炼，就来到了超级猩猩，在一个相对有活力的氛围中开启了我的新事业。

转行成功全靠运气吗？也不是。

我一直喜欢瑜伽，从20岁的时候就开始接触。我还记得我上第一节瑜伽课时就受到老师表扬，她赞叹我第一次上课就能推轮，这可能就预示着我和瑜伽细水长流的故事吧。大学时日复一日的坚持锻炼成就我健康良好的体魄，让我能够不断挑战更高难度的瑜伽体式。在参加全日制的瑜伽教学培训时，我也发现自己在这方面挺有天赋的，在体式提升和教授语言表达上都优于其他同学，这些都让我愈加坚定自己走在一条正确的道路上。

同时，持续的自主学习也是很重要的。当我看到瑜伽中我不太清楚的流派或者体系时，我会主动报名相关的课程去进修学习；当我发现某个体式自己做得不够好时，我就会反复钻研，琢磨到底是自己理论上还是生理上的问题；当我在编排课程的时候，哪个地方应该多几秒，哪个动作应该多做两次，我会去反复琢磨这些细节，课下我还会去问用户的体验，并根据反馈优化调整课程。这些主动学习的过程也让我觉得我在这个行业中能走得更远，能看到自己更好的未来。

我成为全职瑜伽老师以后，也增加了很多技能的培训。主要是从事瑜伽、普拉提和芭杆塑形的静态课程教授，附带 TRX、臀部塑形甚至热浪战绳等动态课的教学。我每周的课量在 25~30 节，是成都课量最大的静态课老师。我的日常工作模式就是每天在不同的门店上课，不做销售，课上完了就走人，非常自由，并且受人尊重。主要客户群体是精致的都市打工人和全职妈妈。我授课的其中一个门店在腾讯公司的对面，不少女孩会在 10 点上班前来上瑜伽课。快节奏生活的城市里，依然有许多对自己容貌和身材高要求的女性。

同时，我每天保持 2~3 小时的自我练习，其中 1 小时为有氧训练，以保持低体脂；其余时间做瑜伽练习。每周还会进行 2 次力量训练。高强度的体能消耗实现了碳水自由，这也是以前在做建筑设计时，低新陈代谢的易胖体质无法拥有的生活状态。

做一名打造个人 ip 的瑜伽师

一开始，我以为我会勤勤恳恳地做一名不断提升教学能力的瑜伽教练，但随着时间的沉淀，我的思考发生了一些转变：我要继续在工作中放大过去寒窗苦读留给我的思辨能力的优势。因为一名优秀的瑜伽教练，需要的不仅是拿得起100千克的杠铃，更需要能背得了1000道的题库，对解剖学、服务意识、职业素养等内容详熟在心。我们需要关注的不仅仅是身体，更有头脑和思考。公司对瑜伽老师的培训课程里，技术最多也只占到50%，剩下50%是要讨论如何和学员去沟通、去教授。而这些"软实力"的部分，也是我更为擅长的部分。

2021年我上了很多很多的课，一个月可以上135节课，平均到每天都有4节课。虽然这段时间的收入也因为课程多而上涨，但我的身体吃不消，学员也流失很多，因为大家会觉得疯狂堆课的老师为了多上课，门门都会，门门都教，肯定门门都不会出彩。

超级猩猩是一个很需要个人品牌的公司，我在反思如何调整自己的职业路线。我从2021年底开始在小红书上做个人ip，也丢掉了所有动态课，主攻静态课，这样做之后客户反响好了许多，我逐渐拥有了一批固定的基石用户，而我们公司最看重的就是基石用户：怎么稳住一批人，让他们不断反复地来上你的课，是公司考评一个教练最重要的因素之一。我会去解剖我们课时费的评判标准，比如公司的走向就是以基石用户来决定课时费的高低，那我就会选择取巧一点，去主攻自己的这一项，来拿到对应更高的课时费，把劲儿使在刀刃上。在追求工作的更高回报上，必须要去解读公司是以什么样的标准去评判这件事情，才能真正做到事半功倍。

在我看来现在任何行业都是如此，我们不能把工作想象得太理想化了，我只能努力做到了解公司的评判标准，迎合这套评判标准，然后做到这套评判标准下最优秀的教练。转行的这三年，经过不断的铺垫和学习，我也从一个一线瑜伽老师，成为了成都静态瑜伽和普拉提的负责人。所以我现在的工作是一部分技术加一部分管理。

2022年年底，我开始接手一些线上的工作，我最近经常评审北京、上海、广州这三个城市瑜伽老师上课的视频，每周给他们打分写反馈。另外我还可以做一些审核线上老师的课程，筛选简历，线上面试等工作。

想法会随经历改变，路会走得更宽更稳

从刚开始做瑜伽这一行到现在，我的想法随着时间和经历在不断改变。原来我很想自己开店，曾经有一个投资人，他也是经常和我一起练瑜伽的爱好者，想拉我在成都的别墅区一起开馆，他说他可以用很低的价格租用门店。一切听起来似乎都很合适，但这位投资人要求以我个人的名义去租店，并且让我独立支付定金。这件事情让我觉得很不安，在我问他这些敏感问题时他也从来没有正面的回答，更这让我觉得对方没有合作的诚意。

后来反反复复的疫情也让我觉得这几年并不是开店的最好时机，这个想法逐渐就搁置了。与此同时，公司内部的晋升让我达到了目前比较满意的一个职位，我便逐渐放弃了开店的想法。虽然开设自己的独立门店，是很大一部分瑜伽和普拉提老师的梦想，但"明者因时而变，智者随时而制"，随着阅历的增多而改变的想法是我成长的见证。

我渐渐发现超级猩猩其实并不只是一个健身公司，它更像是一个互联网公司。我现在就是在一个互联网公司里做一个小的管理人员，以后也会有更多职业的可能性和上升的方向，并不一定非要运营一个门店自己去独挡风雨。在现在的平台和体系之下继续发展，反倒成了我更得心应手的职业选择。

刚开始转到瑜伽这一行时，我只是设想自己的瑜伽练得有多厉害，在瑜伽上的造诣有多高，现在我觉得做管理工作再配上些技术类的工作，

也是一种不错的选择。虽然我之前对管理工作并不了解，但我始终坚信我在瑜伽这条路上发展的机会很多，我走在一条往更好的方向前进的道路，虽然我不知道那个更好的方向具体是什么，但一直往前先走着就好了，而以前建筑的那条路，我已经看到了自己的尽头。

以发展为导向，才是工作的解药

不要通过喜欢或者不喜欢来决定自己从事的行业。因为喜欢和爱是会随着时间而逐渐消失的，这句话适用于所有的事情。即便是转行到自己以为喜欢的方向，很可能会面临第二次厌倦，难道再转行吗？我觉得做出转行决定，抛弃以前行业最重要的一点是：明确自己的发展路径。

在辞职之前我就是中国建筑西南设计研究院艺术团的团长，经常组织啦啦队和跑步活动，在他人视角里我本来就是个运动达人，转行去做运动相关的工作是顺水推舟的事情。我更倾向于持续扎根自己一点一点习得的技能，直到某天能够到最终的目标，而不会贸然行事。

没有一份工作是容易的，任何人或多或少都会对工作产生厌倦的情绪。曾经有段时间我非常不想练瑜伽，站上那张垫子就心烦意乱。这种时候我就会去反思自己是为了什么坚持下去：不仅是为了纯粹的喜欢，更是因为这是一条适合自己的职业道路。以发展为导向做事情，不要把工作理想化。认清这一点之后，我对瑜伽教练这份工作的期望就不会像以前那么高，那么理想主义。

许多人问我："你都这么瘦了为什么还天天运动？""你是如何自律坚持天天运动？"其实这不是自律，这是一种习惯。当你坚持运动到一段时间后，它就如同吃饭洗澡一样刻在你的日程表上，不再固化成一种枯燥的工作。

墙角数枝梅，凌寒独自开。健康的饮食，规律的运动和作息，不言弃的精神可以带我们走出人生的萧条，开启另一种崭新的生活姿态。

小寒

2016 年重庆大学建筑学本科毕业。

前西南院建筑设计师，现超级猩猩全职教练，全国瑜伽内训师、评审师；全美瑜伽联盟 RYT 认证老师；美国 Soul body 芭杆认证教练。

小红书账号"小寒"。

裸辞跨考的奈奈子：
不要美化那条你没走过的路

> 我很喜欢马克思说的一句话："在科学的入口处，正像在地狱的入口处一样，必须提出这样的要求：'这里必须根绝一切犹豫；这里任何懦弱都无济于事。'"与诸位共勉。

可以失落吗，曾经的建筑骄子

4年前的夏天，我毕业离开了校园，手里捏着5月才迟来的offer，怀着对未来的憧憬，远离家乡，一头扎进了房地产行业。

然而不到半年时间，公司便破产重组，我只好攥着裁员名单再度踏上了寻找工作之路。建筑设计本身是具有强烈的地域特色的，我的简历和作品集在当地显得有点"水土不服"，投出去往往是石沉大海再无音讯。那段时间自然是很焦虑迷茫的，工作没了，房租还得照交。为了散心我常去逛附近的超市，看到林林总总的商品满满地堆在货架上，看到来来往往的人们挑选东西时聊天欢笑，这种实实在在的生活气息能够短暂地将我从沉闷压抑中捞出来。

2019年冬天，我终于如愿进入了一家设计公司。大学时期，我有过两段设计院的实习经历，所以自以为已经做好了充分的心理准备来面对新工作。但这个想法终究是天真了，在日复一日的画图工作中，我时常感到对这个行业不够了解，更重要的是对自己不够了解。一种强烈的自我怀疑总是萦绕在心头，工作时无暇顾及，但空闲时它便偷溜出来占据我的大脑。调节情绪的方式有很多种，那段时间我爱上了撸串，没有什么比深夜的一顿烧烤更治愈了。但在内心深处，我不愿意沉溺在这种反复的内耗中。

2021年的春节后不久，我递交了辞呈。离职那天风很大，公司楼下的树叶跟着小型龙卷风起舞，一如我轻快的心情。我先给自己放了一个月的假，好好吃饭、睡觉、锻炼，这段小假期对我而言是寻找自我的起点。

想重新出发吗，就趁现在吧

现实的问题是，接下来的路并不宽。大学的时候我也曾经考虑过转行计算机，还自学过一段时间的 HTML 和 Python。学编程的即时满足让我找回了久违的自信。我得承认，能获得成就感的学习对我来说是快乐的，但我也明白，这点经历并不能支撑我选择转码。

要考研的想法，是在工作不顺心的时刻突然冒出来的。当时，我独立负责跟一个项目，手头的事情繁杂且重复。我喜欢看书写作，却总是碍于繁忙的工作。于是在工作的间隙，一种想要继续深造读书、通过考研转换赛道的念头，就兀自冒出来了，我意识到没有读研对我来说算是一种遗憾。我想，等这个项目告一段落，就开始准备考研吧。

选择什么专业成了最重要的问题，虽然我对语言和计算机还算"感冒"，但均不考虑以此作为以后的工作方向。在偶然阅读了马克思主义的相关典籍后，我便对马克思主义理论体系产生了浓厚的兴趣。在接触马克思主义理论体系的过程中，我常感到豁然开朗，一些思维上陈年的结被解开，曾经很多百思不得其解的难题也都迎刃而解——不仅是自己工作或生活的问题，也涵盖社会时事或热点问题。这促使我想要更系统地钻研它，也希望获得更深的感悟。

另一个方面，我窝在自己的信息茧房内自怨自艾，以为自己变得更开放包容，却不知不觉中陷入了很多思想漩涡里。当时我的情绪内耗非常严重，有时候整天出神，提不起劲，陷入明知困境却难以自救的状态。但我必须要自救。在读马克思的时候，我常常会自省，明明是一些听到耳朵起茧的道理，在经历过一些人生困境之后，却总能读出更深层次的内涵。读马克思能让我感觉到平静与力量，我想要抓住这种状态。

有了这个切入点，我便选择了"马克思主义理论"作为目标专业。

4月份我辞了职，5月便开始备考。对理工科出身的我来说，学习马克思主义理论并不像想象中那么容易，考研也不像平时阅读那样轻松，例如背诵对我而言就是一个头疼的问题。我的学习经验是，总体上可以抓大点放小点，但对于琐碎的知识点也要做到心中有数，薄弱的环节需要专门攻破，不能存在侥幸心理。

备考的日子过得飞快，比起大多数踌躇满志的同学来说，我的备考经历可谓困难重重：我习惯了熬夜并不爱早起；在家里脱产学习总跟父母吵架；因为怀疑自己也常常情绪低落，甚至没有做完整细致的学习计划。离考研还有两个月时，我的心情已经非常焦虑，一方面害怕自己考不上，担心自己的记忆不够牢固；一方面讨厌这种自我怀疑的状态。我明白必须逼迫自己去做些什么才能缓解这种无谓的内耗，但也束手无策，所以一边消沉，一边硬着头皮学习，情绪总是强烈起伏。到12月初的时候，我产生了很强烈的自我厌恶，但害怕考试失利的恐惧还是推动着我继续机械地重复背诵，就这样直到考试结束。

考研结束那天回家我很开心，跟父母说考试的题没有不会的，以为往后皆是坦途。

很快到了出分那天，只是喜悦在 5 分钟内便变成恐慌，去年的好分数成为今年的复试线，1:3 的复试比更加骇人。接着是兵荒马乱的复习、模拟、复试，虽然每个节点都不顺，但是我还在给自己打气。事与愿违的是，我没有在复试中博得老师的青睐。

还来不及感伤第一志愿复试的失利，又被推着匆匆投入调剂大军。那年调剂的残酷程度难以言说，我在一次次申请一次次被拒中失去了斗志，眼看调剂系统里的学校慢慢消失，我默默地接受了落榜的事实。

就在我心灰意冷的那天晚上，微信突然弹出了一个调剂复试邀请，我瞪大眼睛，一个鲤鱼打挺坐了起来。隔天就要复试，那一天晚上我没敢睡觉。复试时，我从早上 8 点坐在桌前等到了下午 5 点，已经分不清心情是急躁还是麻木了。没想到的是，复试竟然出乎意料的顺利，面试完我就知道，这一次有机会了。当天晚上，我便收到了拟录取通知。

在两天的时间里我坐了好几轮过山车，我明白不是跨考转专业就能一劳永逸，"往后皆是坦途"在真实的生活面前也变成一句虚假的祝福。事实上，在追寻自我的过程中必须根绝一切犹豫，在这里任何懦弱都无济于事。

这几年总有人问我值得吗。如果说考研的一年是追寻自我的过程，那么经历的这些艰难路途我觉得值得。尽管考研的这一年非常枯燥无味，但我感觉到自己变得更有韧性了。4 月底春天结束，我的考研之旅也正式画上句号，我开始重建自己的生活节奏——早睡早起，规律运动，买菜做饭。过去仿佛生了锈的脑袋又开始转动了，多巴胺分泌充足，拖延症和深夜 emo 都离我远去。

还会担心吗,即使已经下定决心

教室里阳光很好,我从回忆中抽离出来,感到了前所未有的平静。

目前研究生班里,转专业的同学不算多,或者基本是文科大类及相关专业转过来的。理工科专业的学生跨考马克思主义理论专业还是少数,老师上课的时候也表示过新奇。

回看毕业后的几年有很多感慨,过程当然是很坎坷的,但也有很多幸运的时刻。以往经历的痛苦,都成了我热爱生活的证据。过了25岁之后,我感受到了自己的飞速成长,对周遭事物的感知能力增强了,开始关心身边普通的小事。一方面我觉得自己过了热血沸腾的年纪,一方面我又觉得自己永远年轻还能重建人生。我很遗憾没能学好建筑学,幸运的是,我给自己创造了新的机会。

读研期间的生活,我的感受是基本符合预期。入学之前曾有过一些担心,比如害怕我薄弱的理论基础在同学的对比下相形见绌,但真正开始学习后,发现最重要的还是个人努力。真的想学好这个专业,就要花非常多的时间去钻研理论原著,转专业的学生也未必就会在基础或悟性方面有很大的差距。

至于未来,我大概率会选择回家乡发展。不得不承认,家乡更有归属感;也不得不接受,父母逐渐老去的事实。最开始,家人对于我要跨考的想法并不赞同。他们对于我想直接离开建筑行业的想法感到荒谬,认为沉没成本太大,更希望我通过改变自己来适应行业。对此,我也完全理解。经过多次的讨论交流后,他们同意了我的选择,但是依然对我能够顺利考上的可能性和未来就业的方向存疑。类似问题的沟通,讲一次是没有效果的,家人沉重的担忧不会因为几句轻飘飘的话就轻易消散。我反复向他们明确表达自己的想法、对未来的设想,也做出了看得见的努力。

如今，家人的想法已经转变很多，也许是看见我在新的领域里确实更快乐，常会督促我继续按照自己的规划前进。

建筑是围城吗，如今我是城外人了

不可否认，建筑一直有它无比迷人的那一面。如果时间退回到高考选专业的时候，我依然有想选建筑的心情，只是会犹豫。每每扪心自问是否后悔当初的选择，我都感觉一堆乱糟糟的线团堆堵在心底，答案说不出口。可能想说不后悔，但又确实因为个人的境遇而隐隐期盼另外一种可能性。

在漫长的时间里，我慢慢学会将矛盾的心情自我消解，我明白是我曾经的选择指引我走过了所有的路，使我变成了现在的自己。所谓的一点遗憾，只是针对境遇，而不是专业或行业本身。

之前读本科的时候我就意识到，对比起建筑及相关专业内的人，专业外的人看待建筑行业的视角是完全不同的，存在很多误解，信息壁垒导致了"雾里看花"的困境。现在很多年过去了，建筑行业已经经历了发展的周期，但大众对于建筑行业的认知却依然没有太大变化。有趣的是，自媒体 UP 主"大猛子"爆火后，工程行业的真实面目逐渐进入了人们的视野，关于土木工程的讨论明显愈发地多起来。我认为建立有效的沟通渠道去传播真实的声音，是打破行业认知壁垒的一种方法。

说回我自己。在此之前，我也会持续地内耗。如今，我找到了缓解压力的方式，我喜欢仔细地思考每一件事情，把逻辑从头到尾捋清，这使我很满足。虽然这个过程可能会耗费相当多的时间和精力，但一旦把事情厘清之后，我就会把它锁进思维的小盒子里，再也不想了。除此之外，运动也是一个非常好的解压方式，多巴胺的充足分泌会赶走奇怪的念头。

不论是备考前点亮新的"技能树"来给自己信心,还是备考过程中面对消沉情绪,我都更倾向于一种正向的排解方式。在离开了建筑行业之后回头看,也更加体会到主动与自己和解的重要性。与大家分享一点小小心得,就是设定一个较低的"情绪阈值",快到临界点了就休息,及时停下来并暂时抽离工作的身份,给身心复健留下一点缓冲时间。

最后,我想许下一个小愿望——运营自媒体,分享马克思主义哲学,分享看问题的底层逻辑。在互联网时代的大背景下,普通人对于热点问题的分析思考,可能在不自觉中跟随网络舆论引导者的步伐,产生偏激的观点;在一波波充满戾气的互联网声潮中,陷入迷茫,而马克思主义哲学中的很多思考正是对这些问题的回答。现在大众对于马克思主义理论体系同样不甚了解,这也是我对自己选择这个专业的一点期待——希望能在接下来的时间里,做一些力所能及的知识推广,让大家更加了解马克思主义,了解世界,也了解自己。

与诸位共勉。

奈奈子

2019年老八校建筑学本科毕业。

2019年作为管培生入职某地产后被裁员,后在设计院工作2年,于2021年裸辞考研。

调剂上岸某211马克思主义理论专业。

卖小吃的夫妻"老李头和小鹿子"：
过好每一天才是重要的事情

> 有孩子的父母裸辞不是偶然，也不是冲动，是一场深思熟虑。

新生与破局

本科毕业后我在景观设计公司就职，工作第六年的时候，我被检查出了青光眼且单眼失明。那时候我刚休完产假，回到职场亦有诸多不适应，我发现自己无法像从前一样全身心投入到工作中，孩子和家庭的琐事让我开始反思工作的意义。2022年6月，我选择了裸辞。

离职那天我一下子退了几十个工作相关的微信群，退完后长舒一口气，原来微信可以那么轻盈简洁。我望着夕阳感到了久违的放松，工作这几年我从来不敢关机，害怕没有及时回应甲方或者领导的要求。

除我之外，我爱人老李头在一个月前也选择了裸辞。他曾就职于一家建筑设计公司，工作八年。2022年的地产风雨飘摇，作为地产行业的乙方，他的工资从一万五降到一万二，再降到九千。想着再等下去似乎也是坐以待毙，不如干脆一点。他和领导长谈了一番，出现在了当时那波"裁员"名单上。

双双裸辞之后，我们夫妻起了做餐饮的念头。原因无他，老李头平时喜欢烹饪，也热爱研究美食。亲戚朋友都夸赞过他的厨艺，我作为他最忠实的"顾客"也觉得他对烹饪好像有点天赋。干什么行业不是干呢？不如从爱好做起。于是，我们怀着美好的幻想开始了餐饮创业之旅。

最开始，我们想着先摆摊赚钱，积累经验。小成本、低风险启动让摆摊成为诱惑力十足的选项。当时正值六七月份，在重庆是"冰粉凉虾"（一种小吃）的盛会。于是，老李头火速在网上购买了相关材料，在家开发口味、研究品种，我也试了很多次新品。可是，我们太关注自己，忘记了去市场看看，现状是要么一条街八九个卖冰粉的且价格品相都内卷得很，要么就是受各种条件制约，时间节点、地理位置、政策管制、天气变化等，怎么想这都不是一个长久之计，于是我们还是决定选个品，正儿八经地开店。

既然选择了将开店和爱好挂钩，那不如做自己喜欢的。老李头是重庆彭水人，他想把家乡的土家小吃"嘟卷子"带到重庆主城，于他而言，土家小吃意味着眷恋和乡愁。而我也非常想念第一次去他家时吃到的地道土家小吃"嘟卷子"。就这样，我们决定了做土家小吃。

作为餐饮业的新手小白，我们的思路依然是先交钱学习，比如加盟家乡的小吃店。可是无论是打订餐电话沟通还是开车到实地，都遭到了拒绝。土家小吃的老板只想做小本生意，没想着开连锁店。接连被拒之后老李头决定自己研制，他先是跑遍大街小巷，尝遍当地的小吃，记住每一个好吃的味道，然后回到家自己不断尝试改进，他做我吃，一遍又一遍。这期间研制特色油辣子和胡辣壳是关键，在北碚40℃的八月天，老李头天天在家炒辣椒，太辣了重来、不够辣重来、不够香重来……

就这样，经过两三个月的筹备，我们开业了。

尝试中试错

当时我们认为，选择餐饮行业并非莽撞的尝试。老李头曾开过半年的火锅店，我们的亲戚也曾有过餐饮行业的经验，我们看过成功的案例，也懵懵懂懂地知道可能会遭遇的困难。但真正入行后，面临的困难仍旧超出预期。筹备时的踌躇满志在正式开业的那一刻就遭到了无情的打击。从选址到装修，从店招、菜单设计到菜品选择，我们把每一个坑都结结实实地踩了下去，每一份学费都交得心甘情愿。

选址上，我们选择了离家不远的夜市。我们最开始在重庆主城的热门商圈比如观音桥、沙坪坝、大学城里面抉择，由于房租实在太贵，心里有些打鼓，再加上有了孩子之后对于家庭的牵挂明显增加了，希望离家近一些。家庭、生活、赚钱永远是不可能三角。在犹豫中，我们选择了离家不远的星空夜市。夏天的时候，我和老李头每天晚上都去那儿调研，那时候充满了美丽的幻想，觉得处处是商机——人流量可观，做小吃大有可为。后来才发现，我们选择的店铺位于"端尾"，几乎不会有人往上走。再者，夏天是旺季，秋冬是淡季，国庆前夕开业后客流量远远没有我们想象的多。实体餐饮流量决定了一切。选址是我们吃过的第一个亏。

装修倒是圆了我们作为设计师的梦想。我们租了一个集装箱门店，自己进行设计、采购、装修。快40℃的高温下，老李头在闷热潮湿的屋子里装接桌椅。我们始终觉得日子有奔头。

店招则是彻底的失败之作，是我们从"设计师"转变为"餐饮人"思想上的一次重大转折。最开始我们的店招是"老李头小吃铺"，路过的行人看到之后非常困惑,不知道这家店到底卖什么,需要进店看看菜单才明白。后来我们听从外卖骑手的建议,把店招改成了"腊肉洋芋焖饭",进店的顾客明显多了起来。不过,"老李头小吃铺"那块牌子也没有完全被抛弃,它被移到了临马路一侧,孤独地和过往的车辆对话。

菜单设计也没有想象中那么简单。最开始,作为设计师的我理所当然地认为美观很重要。原菜单是由我手绘设计的,水墨风 Q 版,旁边甚至没有食物的名字。进店的顾客看到菜单后一头雾水,需要我们自己去推销菜品。再加上我们的推销能力本来就不那么出色,销售额低倒也正常。后来,把菜单换得简单明了后,沟通成本大大降低。我和顾客都长舒一口气。

菜品选择也给我们上了一课。我们以为会卖得非常好的"拳头产品"土家小吃"嘟卷子"遭到了冷遇,随手加上的洋芋饭、洋芋面块却反响不错。市场告诉我们,这里小吃的消费群体并不多,顾客还是更爱主食类产品。总而言之,我们的弱点在于对市场的幻想,前期的考察如空中楼阁般一碰就消逝了。当时,我们既没有真正理解顾客想要什么,也不明白他们的需求到底在哪里,失败成了理所应当。

原菜单设计

改版后的菜单设计

站在岸上的时候，总以为这事儿不难，自己当老板后，才发现能在这个赛道赚到钱远远没有那么简单，只靠设计时的一腔热血很难走得长远。然而，在这个过程中，根据顾客的反馈迅速进行调整成为了我们最开心和期待的事情。不管成功与否，我们去做了，就比曾经蜷缩在避风港中的自己勇敢了很多。

在不断地试错与调整中，我和老李头的人生渐渐充实了起来。

那些美好瞬间

我们 2022 年 6 月份离职，国庆前夕开店，在写这篇内容的时候，是 2022 年年底。

我的性格总是瞻前顾后，总会幻想很多未知的恐惧；而老李头就洒脱了很多，他总说："管他的，先去做，别想那么多，事情要去做了才知道行不行。"可以说，能够真正开始做餐饮，老李头的勇敢给了我很大的力量。

这半年里，艰辛是常态，而快乐也是常态。

最艰难的时候是刚开业时。那时候没什么收入，但是每天都要花钱。在熟人介绍下，老李头接了建筑设计的"私活"，没客人的时候就坐在店里画图。我们选的桌子很稳固，上面能安心摆放笔记本"战友"。店里晚上十点关门，老李头会画到十二点再回家。他很高兴，说如果是上班的话得加班到两三点，现在还能不想画了就回家呢，创业实现了加班自由。即使费用不高，能填补些坑也是好的。我们天天备菜、做饭、画图、陪娃，也算是忙得不可开交，但是每天都乐在其中。

最开始我们只开了堂食，到 11 月中旬的时候开始经营外卖。生活压力大，上外卖是为了保本，没想到效果还不错。那段时间，我们和很多骑手有了接触。最记忆深刻的是有曾和我同行业的骑手。他以前也就职于园林行业，后来考编上岸，为了补贴家用，偶尔出来跑跑外卖。当然，更多的是骑手反馈我们的店名太小气了，不好找。骑手们的经验比我们丰富多了，通过他们的反馈，我们调整了很多细节上的东西，比如前文的更换门头。

12 月初，重庆疫情严重，我们所在的区域曾静默了一段时间。作为餐饮行业从业者，我们能够继续营业外卖。然而库存有限，有些原材料快递没办法送进来。所以营业七天之后，我们家默默关店了。没想到真正放开后，营业额竟然比刚开业的时候好多了。不过，在放开一周后我和家人都陆续感染新冠。最开始是孩子和老人，一周后我阳了，当我"阳康"的时候，老李头阳了。那段时间焦头烂额，如"接力赛"般的生病给生活蒙上了一层灰雾。

而现在，一切都过去了。如今，我们已经可以收支平衡，虽然收入和之前仍有差距，但是能够自由支配时间。回头看去，轻舟已过万重山。

现在我的一天非常随心。早上八点老李头去店里备菜，我在家里带小孩；快到中午高峰期的时候，我出发去店里，婆婆帮忙照看孩子；餐饮高峰期过了之后，老李头坐在店里玩玩手机，我也迎来了放松时刻——逗逗孩子，这是属于亲子的美好的时光，只要看着她我就会很安心；晚上又一波高峰，我们的小店开始忙碌；再晚一点，店里打烊后，我和老李头一起回家。

之前在设计院的时候，我并不太能理解同事在加班时会和自己的孩子视频。但我自己生了女儿后，每分每秒都牵挂着她。在这个世界中有了血脉链接对我而言是很温馨的事情，陪她长大，也成为了现在的我最重要的事情之一。

未来，过好每一天

回过头来看，真正想转行餐饮还是需要一些基础的，有人带路也好，自己有过经验也罢，如果只靠自己摸索会交很多学费。最开始我们自诩"有一定经验"，实际上到处都是问题。所以，能在前期花的钱一定要花。多找路子，多看渠道，多学习，多准备。餐饮行业非常靠回头客，这不是一锤子买卖。没吃过的人不知道味道如何，如果周围有更熟悉的店铺，很大程度上会选择熟悉的店；而吃过的人觉得味道不错后，下一次再来的几率就很高。当我们和顾客逐步建立起信任后，就"上道"了。

再者，有了想法就可以去干，总是犹豫会产生很大的"内耗"。迈出第一步才是最困难的，只要踏进了新行业，开始工作的那个瞬间就已经和过去的自己不一样了。就如村上春树那句话所说，"穿过暴风雨，就不再是原来那个人"。

创业之后，我们最大的感悟是人不能啃老本，必须不断学习。当被动化为主动的时候，当索取化为付出的时候，世界就不一样了。孩子也在一天天长大，希望我们能用实际行动给她最大的财富——努力学习、乐观生活的态度。

半年过去了,我和老李头的餐饮事业虽遭到了现实的"毒打",但我们对技术仍然有自己的坚持。我们考虑引进新的产品,继续创新研发。现在的产品品类还不够"硬",吸引力也不足,导致一天外卖只有三四十单,离梦想还有很大的差距。我们给2023年的上半年定了新的计划,比如增加产品品种、外卖客单量能够翻一番,等等。我们知道,这一切都是积累的过程。才做了半年,就能够收支平衡已经超过最初的预期了。纵然现在的家庭年收入和在设计公司比起来仅有一半,纵然现在生活需要更加"精打细算",我们也对未来有了盼头。

等到小店上道了,我们也会考虑聘请员工。孩子上幼儿园后,我或许还会出去找一份其他工作。不过,这都是未来了。对我而言,过好现在的每一天才是更重要的事情。

不论成败,勇于挑战,敢于试错,勇敢地迈出那一步比什么都重要。最后送给大家一句话:我所能者,则尽善尽美;我所不能者,则虚怀若谷。

老李头和小鹿子

八年建筑设计和六年景观设计的夫妻档,现在在重庆蔡家星空夜市卖小吃。

老李头抖音"老李头建筑转行做餐饮"和小鹿子小红书"小鹿子景观转行做餐饮",定期分享我们一家的日常以及创业的故事,希望和大家一起交流学习。

老李头业余爱好打牌钓鱼,小鹿子业余时间遛娃画画,闲暇时也会一起品茶聊天,小浠浠也是从小就爱上了"喝茶"。

摆脱过去束缚的律师徐世铮：
主动认识自己，认识世界

> 我是谁？我想要什么？现实又是什么样的？——这是转行之路的本质问题。

我叫徐世铮，本硕都毕业于大连理工大学水利工程专业，2019年在本校硕士毕业之后进入某大型综合甲级水利设计院从事造价工作。我在设计院工作九个月之后辞职，又经历了八个月的备考，通过了2020年的法律职业资格考试，并于2021年3月初入职北京一家律师事务所，现在是一名正式律师。

成为律师之前

我曾是一个安于现状且不上进的人，考研本校的动机只是不想工作，甚至直到研究生毕业，我也没有离开象牙塔去公司实习过一天。正式参加工作后，对设计院工作、生活的不适应和想要改变的理由，每个人都有着自己的想法，也无需赘述。

有了转行这个想法后，我思考的第一个问题却是：如今陷在这个境遇是不是我的能力问题？那段时间我非常苦恼、情绪低落，每天都很焦虑，完全迷失了前进的方向。

直到我结交了一群朋友，他们从事着不同的行业，有校招入职就年薪 70 万元的,有一离开学校就个人创业的,当然也有选择了传统工科如今过着平淡生活的。但无论现状顺利与否,他们都有一个令人羡慕的特点:那就是发自内心的自信,即使现状再难,也从没怀疑过自己。

于是我开始思考第二个问题,我在别人眼里是怎么样的呢?是优秀还是普通?我的结论是消极的,至少当时在我自己的眼中,我并没有什么可取之处。但是我不想认命并长久自怨自艾。即使从天资上我不如他人,达不到别人的高度,但至少我可以努力往那里靠一靠。

有了这个想法后,我暂时走出了失落,也能比较客观地评价自己。同时也顺利也得到了第一个问题的答案:我认为我的能力不算弱。

于是,我开始思考第三个问题,我工作不顺的问题出在哪里?是企业还是行业?如果不转行只跳槽,会不会让我满意?如果我依然在这个行业,到其他企业工作情况是否会变好?我当时得到的答案是否定的。

那么接下来的问题就是,如果抛弃学历来看,我是谁?

真正重要的应该是我这个人,不是那两张文凭。正常情况应该是,打眼一看,这小伙子不错,再一看文凭,嗯,果然是名校毕业,而不是像现在被学历和专业束缚。既然我配不上我的文凭,那我索性就不要了,就当我没有过。没有了文凭的包袱,我也顺利下了转行的决心。

转行,我需要思考的三个问题

下定决心之后,我又开始思考三个问题,分别是:

第一,我想要什么?

第二,我能干什么?

第三，哪些工作符合我的要求？

第一个问题：我想要什么？每个人都想过，无外乎是"钱多、事少、地位高"这个结论，有时候还会加上一个离家近。但这是不可能的，这么好的工作可能有，但是可遇不可求，不在我们的可控范围内，所以我降低了标准。每个人对想要什么都会有自己的价值判断，而我想要钱多，事可以多，地位可以低，再次一点钱也可以少，但一定要有成长，有钱多的可能性。想到这里我发现，如果满足我的要求，像加班，工作环境差等问题，在不过分的情况下我是可以接受的，这样就解决了第一个问题。

第二个问题：我能干什么？这个问题其实就是认识自己。性格上我是一个外向的人，设计院的工作让我觉得很沉闷，我认为自己比较擅长并乐于与他人交流。能力上，我是双985硕士毕业，至少学习能力和考试能力是有保证的，所以技术类工作我都有信心做到中上游。那么第二个问题的答案就是，我更适合做技术类工作，但是纯技术类工作不是首选。

第三个问题：哪些工作符合我的要求？前两个问题只要对自己有足够的了解是比较容易得到答案的，第三个问题才是真正的难题。我解决的方式也非常简单粗暴，一个是上网查，一个是问朋友。每天闲暇时刷知乎，睡觉前都在打电话咨询别人的工作。最后得到了四个备选，分别是：软件销售、大数据程序员、产品/项目经理、律师。

软件销售是我的一个老学长可以直接提供给我的工作，销售工作忙、应酬多、门槛低，考验人的沟通交流能力，收入上限很高，下限很低。我觉得自己有做好的能力，但是不喜欢应酬，就暂时先不考虑这个工作。

程序员大家就比较清楚了，收入高，工作忙，但是有比较严重的中年危机。我当时了解到的是，大数据方向的程序员我这个年龄转行不算晚，但是仍然存在中年危机，新人倒挂等问题，而且太偏技术，优先级也靠后。

产品或项目经理，这是一个存在于许多行业的岗位，当时和几个朋友聊过之后，一致认为这个行业存在着入行门槛略低，竞争激烈等问题，而且职业成长不明朗。

律师，就是我现在的工作，当时我对律师的了解是，工作忙，前期收入低，收入未来可能会很高，社会地位还可以，对沟通技巧要求较高，职业生涯比较长。仔细思考下来也比较符合自己的要求。因为我对自己的考试能力比较自信，所以高门槛反而对我来说是一种排除竞争的优势，所以最后我决定了把律师作为我转行的方向。

在此仍要强调，我对以上岗位的分析都是结合我的个人情况。决定转行方向的关键因素不是当下热门的社会潮流、不是简单的薪酬回报率，而是真正认识自己，并学会扬长避短。

想好后路，就认真裸辞备考

决定选择律师作为转行方向之后，我开始制定学习计划。最初我的想法是在职准备，等到快要考试再离职，集中冲刺。但是这个计划瞬间就被连续一个月的加班到凌晨给打乱了。面对繁重的工作，我知道这样下去不行，未来无法保证自己有时间学习，所以我决定裸辞。

比较幸运的是，虽然有来自家里亲戚的电话轰炸劝我不要轻易辞职，但父母还是比较支持我的。很多人担心裸辞对未来工作会有不利影响，这个的确有可能。而且裸辞后的收入中断带来的心理压力会比经济压力更大，因此在作出决定前，一定要做好充足的准备。不过话说回来，如果你已经决定了要走转行这条路，那么原来的工作经历也未必会给你未来的职业带来很大的好处。即使有好处，这点好处和在职转行增加的时间成本、降低的成功率相比到底如何，还需要我们自己来判断。

裸辞后，我选择了回老家学习备考。这样选择的原因一是可以省下房租，二是老家的消费水平更低，我大半年工作的收入和政府的入户补贴已足够维持生活。说到备考，压力肯定是有的，毕竟法考的通过率不高，我也没有十足的把握一次性通过。我当时给自己的计划是，最迟两年通过，如果第二年还没有通过，就接受学长提供的软件销售岗位。

有了后路之后一切都清楚了起来，每天八小时的有效学习虽然苦累，但比起离职前不知路在何方的焦虑和迷茫真的是好太多了。即使是苦恼堆积如山的背诵资料，每天睡前愁得头晕脑胀的时候。一想起自己是如何推演并做出这个选择，就会觉得轻松很多。

好在最后的考试比较顺利，我现在也入职了一家律师事务所，完成了从土木工程师到律师的职场身份转变。

选择未来会有更多可能性的选项

很多人对律师工作的理解是从影视作品中建立起来的，与现实生活有一定差距。律师大致可以分为两种，诉讼律师和非诉律师。诉讼律师就是大家印象中出庭打官司、解决争议和纠纷的律师。而非诉律师的主要工作更像是客户的经营助手，提供法律意见等与经营运营相关的服务。相比之下，非诉律师的业务范围更广、工作更忙，但可能更赚钱一些，也更加考验其他专业的知识。在这两个分类的下面又衍生出了许多小分支，在这里就不一一赘述了。

律师的成长方向可以分为两种，一种的终点是合伙人，和人合伙开律师事务所，也就是做老板，除了可以自己做案子之外，还可以从所里其他律师的收益中抽成；另外一种是独立律师，挂靠在别人的律师事务所，交给律师事务所卡座费等费用。但是自己给自己打工，不会抽其他律师的成，自己赚到的钱也不会分给其他人。

律师职业刚开始的时候会很难，收入很低，但执业之后，根据自身和机遇的不同，收入水平会在短时间内就出现巨大的差异。在这里给各位想转行律师的读者们提一点建议，在实习的过程中，最好选择小而精的律师事务所，可以更早地接触案件讨论，提升自己的能力和水平。而大所，除非你自身极其优秀，否则初期只会让你从事一些装订复印、收发快递的工作。这样实习期会拉得很长，短期内也不利于个人发展。

由于不同的业务会涉及社会的不同领域，所以律师也很需要了解其他行业的知识，在其他行业从业多年的人转行做律师的情况也比比皆是。其中不乏三四十岁的人，毕竟相对于其他行业，律师的职业生涯真的很长，这也符合一开始我对转行的预期：我想要一个有长足发展的职业方向。

即使我是半路转行入门，但和法学科班出身的同事相比也是有利有弊，并非只有弱势。律师并不是只要具备法律知识，任何方向的处理法律纠纷或者促成合同等工作，都需要相应专业的知识储备。建筑大类转律师的利就是做工程相关的案子会更顺手，也有相应的人脉，而且思维和科班的不同，有时候会找到更有力的角度。我之前做一个违建相关的案子，就通过自己画图，在图上测量，找到了对方观点的致命错误。同样，医生转行的律师在医疗纠纷、生命健康权侵权方面的案子会更有优势。法律知识只是律师的一项技能，非科班可以发展自己其他的特长。

目前我从事律师工作已两年有余,也拿到了律师证开始了正式执业。要说实际从事律师行业和之前预想的最大出入,应该就是工作成就感。作为一名诉讼律师,我要从当事人的描述、双方提交的证据中还原出一个合情合理的事实,分析当事人的需求想出更好的诉讼策略,从不同角度攻击对方的论点,预测对方和法官能带来的问题。这些工作能够给我带来巨大的成就感,这是在之前建筑行业中很难获得的。

当然,我的律师工作也面临了很多困难:我半路出家建立起来的法律思维在实务中很难运用自如;因为缺乏丰富的法律知识储备,我在法律法规和案例检索工作中都会遇到阻碍;我因担心自己的工作不足给客户带来经济损失,甚至失去自由的压力而陷入焦虑;曾自以为经历了几个案子好不容易对某一个法律问题稍微了解,下一个新的问题就会把之前建立起来的自信打碎,等等。但我仍然保持着高昂的学习热情,努力在日积月累的耕耘中不断完善自己的知识框架体系。

除了正常的法律服务工作外,另一点让我感悟深刻的就是谈案源。我曾经待过的设计院有一句话:市场第一,订单为王。律师行业也是如此,只有拿下案子,拿下客户,才有后面的工作成就感和经济收益。有的时候真的不得不感叹,所有行业的尽头都是销售。我也跟着领导参与过案子的谈判,如何在短时间内,仅依靠脑袋里的法律知识给客户带来最专业的,最有认可度的解答,赢得客户宝贵的信任,也很有挑战性。

每个行业都是围城,外面的人想进来,里面的人也想出去。很多律师在实习期或刚刚执业的前两年会因为各种原因选择转行,律师界也有一句玩笑话:律师都能做好,干什么不比律师赚钱。一来律师确实是一个有难度而且收入不是顶尖的职业,二来律师是一个非常容易接触到各行各业的职业,相关的法律知识也能在其他行业中得到应用。所以选择律师作为职业能让未来的路越走越宽,丰富更多的可能性,我想这应该是大多数人在事业中追求的一点。

独立思考，并付之努力

最后，我想分享下我对转行的看法：转行，是一次主动认识自己、认识世界的过程。自己是谁？世界又是什么样的？这是转行之路的本质问题。而且不论是否选择转行，想明白这两个问题，都会让自己未来的路更加清晰。别人说的再多，终究是要自己下定决心，毕竟没人能替代自己做决定。

转行是有风险的，转行也是痛苦的。成熟的表现不是瞻前顾后，什么都放不下，只有万全的时候才敢付出行动，而是想清楚想明白之后就当机立断，断舍离。成年人不是全都要，而是知道什么最重要。转行会吃苦受穷是一件很公平的事，本就是离开自己熟悉的舒适圈，进入一个未知的新领域，还要和深耕多年的人竞争，吃亏落后是很正常的事。有好有坏，有对有错才是公平。我们当初选择了不适合自己的专业，想要做出改变，就该付出代价，这才是公平。

最后建议大家，一定要多多主动收集信息，谨慎独立思考，理性看待问题，做好充足的准备，包括但不限于心理准备和经济准备。毕竟有一句话叫做"转行有风险，转行苦三年"。

徐世铮

大连理工大学水利工程本硕。

毕业后在某大型综合甲级水利设计院从事造价工作两年，裸辞备考法律职业资格考试并一次通过，于2021年入职北京某律师事务所担任律师。

第四章

CHAPTER FOUR

前辈们说

三十而立,四十不惑,有人走过黄金时代,走过寒冬低谷。许多人来来往往,走过的路总会留下脚印,为后来人指引方向。

兼职心理咨询师的一级注册建筑师 LORI：
工作是一种与世界交流的方式

> 我曾经陷入抑郁症，在他人的支持中走了出来，现在我继续走上了支持他人的道路。对于来找我做心理咨询的朋友们，我不是在套用书本的知识和技能，我可以用我的亲身经历告诉他，我也曾到过那里，别担心，会好起来的，这样的支持是非常大的。

初识心理咨询

过去我的脑海里一直有一个想象的、虚假的自我：一个完美的建筑师形象。我感到抑郁的开始，是意识到自己能力边界的时候。

在同济大学的建筑学教育里，老师鼓励大家去做很多创意性的设计，要向很多的大师看齐，我们会去学习这些普利兹克奖大师的作品，每年也会有很多大师来学校做讲座，可以看到他们的种种励志的成就和故事。这就给了我们一个假象，好像我们这些被精挑细选进入这所学校，学习建筑学的人都有能力成为某一类的大师。一旦这条应该的路径给出来了，我们很容易就会用那个标准去要求自己。但好在建筑学学科的学习还是很有趣，每时每刻都在学习很多新的观念和技能，也会被很多前辈、老师和同学激励到，所以学生时代还是属于痛并快乐着的状态。

学校教育让我对自己成为一个建筑师有了很高的期待值，而当我发现自己可能无法实现当初的期待时便承受了很多痛苦。进入工作后这种痛苦越发明显了。

我一直立志做一名好的建筑师，也很快拿到了一级注册建筑师证书。可当我成为了法律认可的建筑师后，我反而不认为自己是一个合格的建筑师。很多设计是在我与业主、领导、机电、结构等不同岗位的人博弈后的决策，这些决策与我的设计想法有很大偏差，我感觉自己只是一个工具人。我们这行有一句话：建筑是戴着镣铐跳舞。但我感觉这镣铐过重，我甚至跳不起来了。

我先生带我去了精神卫生中心，在那里做了一系列检查和谈话，确诊我患上了抑郁症。

可能有人到了这样一个境地，会觉得非常绝望和孤独，仿佛在一个深不见底的深渊，身边什么人也没有。幸运的是当我意识到我真的已经到了抑郁症的程度，我反而觉得它是一个开始，就好像跌到了谷底，就不会再往下跌。我已经在谷底了，接下来就只会往上走，所以我觉得正视这个问题其实正是变好的开始。

生病至少有一个好处，是我终于可以休息一下了，就像是一直紧绷着的弦突然断了，它既然断了，就让它先躺一会，再想怎么续上的问题。在停下脚步的那一个月的时间里，我意识到，建筑师的枷锁，是我自己戴给自己的。所以我想要卸下这个枷锁，去看看抛开画图和工作后，真实的我自己到底是什么样的。研二时我曾经在德国交换过半年，也看到过很多其他国家伙伴的生活状态，不焦不虑，不骄不躁，就慢慢地做自己，有些人二十八九岁还在读本科，也可以读很多学位。我很向往他们的生活状态，这是一种很有安全感的生活，同时能够真心投入喜欢的事情而不是被焦虑挟持的状态。

回顾过去，我看到了另一条隐线：助人的路

为了帮助自己走出抑郁症，我做了一个很冲动的决定，花了5万多元去读心理学的在职研究生。而当我回顾过去的建筑师成长之路，我看到了另一条隐线：助人的路。

大概在我高一高二的时候，和我住同一个家属院的一个小妹妹去世了，我当时想如果我能够在一起上下学的路上，和她说过一句鼓励的话，让她感觉好一点，她是不是就能活下来。一直到我大三大四的时候，我还会梦到她。其实我和这个小妹妹也没有特别亲密，但我总是控制不住回想这件事。后来我读到王小波的一段话，也许是一个注解：

"我希望自己也是一颗星星。如果我会发光，就不必害怕黑暗。如果我自己是那么美好，那么一切恐惧就可以烟消云散。于是我开始存下了一点希望——如果我能做到，那么我就战胜了寂寞的命运。"

我回顾了自己那条助人的路，那些凭直觉做的事情逐渐连成了线。大学时，我去云南参加过支教，也做过兼职辅导员、家教，尝试过很多教育工作，也从中感受到巨大的价值感和满足感。工作后我也做过导览志愿者、一级注册考试培训老师，做过室内设计等其他兼职。回溯自己的经历，我会发现上学时助人的经历是我的初心，而工作后的各种尝试是在积累我的能力。我慢慢看到一个真实的自己：有着出色的学习能力，能够快速找到问题、解决问题的人，也是一个非常愿意共情别人、帮助别人的人。

其实在高考选专业时，我就面临心理学和建筑学两个专业二选一，但是因为考虑到一些诸如找工作等现实因素没有选心理学而选了建筑学。这次读心理学二硕，一方面是圆了我18岁未选择的梦；另一方面，是自助也是助人。心理学是研究人的心理现象和行为的基础学科，很多理论和实验涉及职业发展和人际生活的方方面面，让我受益匪浅。在学习心理学的过程中，我真的逐渐康复了，并且在建筑师的工作中，我变得比之前平和很多。

从某种意义上说，建筑设计其实也是通过技术来帮助业主和使用者，这个和心理学在很多地方是很相像的，只不过建筑处理的是人的物质空间的问题，而心理解决的是人的精神空间的问题。经由现实的验证，我发现我是能够胜任心理咨询工作的，那条当初没有选择的路，那条想要去照亮别人的路，我现在或许可以试试了。

为自己的人生负起全部责任，我成为了兼职心理咨询师

当我把想做心理咨询师的想法告诉家人和朋友们时，并没有得到多大的支持，反而引发了一些争吵。我当然知道他们是出于关心我、为我考虑的角度想要劝阻我。因为确实这两个行业是完全不相关的，就算我已经学习了这么久，前期有非常大的投入，拿到心理学学位后也需要不停花钱去培训，接受督导，之后还不一定会有相应的回馈，而它本身的助人情结也可能只是我逃避现在工作的一个借口。但我觉得成为心理咨询师是可以实现的梦想，好像是我的本然呈现的一个状态，而不是现在这个样子，每天坐在电脑前，协调工作和画图。

我相信，真理总是越辩越明的。转行是一个需要勇气、智慧和韧劲的决定。和家人、朋友们聊到最后，反而更坚定了我成为心理咨询师的

想法，这种坚定在于我很清楚这是我这一生想做的事，我希望能更深程度上和心理学有所连接，我确信这是一件可以长期去坚持的事情，不是因为一时兴趣浅尝辄止。就像我之前说的，建筑师需要统筹很多人的想法，建筑是一个协调的产物，是一个妥协的产物。有一天晚上我发现，在我自己设计的人生上，我不想再为别人妥协了，我想为我自己的人生负起全部的责任。

对于大多数人来说，家人和朋友们带来的压力和支持是同时存在的，我们往往可以从心底感受到他们的爱，但他们不是专业的，可能不知道怎样表达才是真正的支持。在我从小到大的成长过程中，我能够从心底感受到自己是被爱着的，这也是我最大的底气。当然我也没有一时头脑发热裸辞从零开始，毕竟要考虑实际的生活成本，这一点我还是尽量做了平衡。

明白了这些之后，我从家人和朋友们的关心和意见中看到真正有助于我的一些思考和建议。我开始发起了公益心理咨询活动，通过学习到的技术帮身边的朋友去做了一些咨询，反馈还是很好的。因为我曾经陷入了抑郁症状中，我知道那个感受是什么，所以我不是只套用书本教授的知识和技能，我可以用我的亲身经历告诉他，我也曾到过那里，别担心，会好起来的，那样的支持是非常大的。

目前的我是一个兼职心理咨询师的状态，在建筑主业中我对自己的要求就是延续以往的职业态度，敬业负责即可。

转行不是裸辞就可以解决的事

直到现在，我也还在努力平衡建筑师和心理咨询师两项工作，这确实很难，如果想把一件事做到顶尖那肯定需要有所取舍。我现在主要通过抓重点、有取舍来实现两者的平衡，以相对更忙碌的事情为中心，两个方向来回切换。

世界变化如此之快，一个人对自己的规划其实很难长远，我也并不能确定以后是否会全职做心理咨询师。现在的我更倾向于 3~5 年内两条线并行，之后再走一步看一步。普通人随着大环境的潮流波动，谁都无法完全把控自己的命运，更重要的是关注自我，保持身心健康。

回想过去，我也不会觉得后悔。后悔这个情绪从心理上就是对没有选择的道路的过度美化，也放大对已经选择的道路上不好的一面。没有人能预知行业的未来发展，当我在选择专业的时候，建筑学和现在的计算机一样热门。情绪问题本身是没有想清楚的问题，而我在选建筑学的时候想得很清楚，这就是我当时能做的最好的选择。

转行，肯定需要一个准备期，不能拍拍脑袋就决定。我自己思考过一个模型，也许可以用来辅助判断：

第一，对于要做的事情是否有热情；

第二，在做了最小可行动作后，是否能够获得正反馈和积极响应；

第三，是否能够感受到自己的责任心和使命感，让自己觉得有责任把这件事做好。

这三点是判断是否可以从事某一个行业的简单标准。

另外要有两只眼睛，一只眼睛看自己，一只眼睛看这个行业。自己的能力能否适配这个行业，在行业中发挥价值，当这个行业的趋势下行时，是否有跳到别的行业的底层能力来适配，这些都是可以在转行前多思考的问题。

与世界交流，选一种舒适的方式

当我已经不再受抑郁的困扰，当我可以回头去看当时的自己，我能想到的给自己或者给其他可能遭受抑郁的朋友最大的建议就是：别人的建议可以问、可以听，但是学着自己做决定，自己给自己力量，自己给自己安全感。

比起听从别人的建议，我们更需要的是相信自己最真实的感受。曾经我非常痛苦的时候，我老公希望我不要辞职，我妈妈希望我能坚强一些，最后我因为承受不住他们的期待而抑郁暴发。如果能重来一次，我会告诉当时的我，相信自己的感受，鼓起勇气，捍卫自己的权利，去表达自己真实的感受，去爱自己。

而工作在我看来是一种和世界交流的方式，一种我们决定如何创造自己生命意义的方式。《哈佛幸福课》里提到，幸福的生活是快乐感和意义感的结合。我也认为我们这一辈子所追求的幸福，仍然需要意义感。但是每个人的意义是不一样的，它是经由每个人对他的生命进行二次创造得来的。

既然工作是在拿时间和能力去交换金钱，那就要尽量以我们更舒适的方式去完成这件事。这种舒适就在于发现我们自己是谁，我们的热情在哪里，我们擅长什么，而不是仅仅是做社会机器中的一枚螺丝钉。工作是换取财富的手段，我们当然可以通过调整工作去更好地享受自我。随着年龄渐长，有了更多人生课题需要完成的时候，我们行动的每一步都要尽力最大化去实现它的价值，那就要在还能尝试的时候不要犹豫，它们终会成为宝贵的财富。

真诚对待自己，用更舒服更合适的方式与这个世界交流，或许阴雨连绵的日子就要过去，在那之后会有绚烂美妙的彩虹。

LORI

同济大学建筑学本硕,有8年职场经验(6年工作、2年实习),国家一级注册建筑师。

中国人民大学心理学二硕在读,从事职业咨询、心理咨询。

咨询流派:认知行为疗法。

小红书、公众号账号:LORI爱心理。

做考试培训的省高考状元邢可：
鱼和熊掌不可兼得

> 一个人的出身、视野和选择肯定是有局限性的，但这也不会妨碍我们脚踏实地好好生活。

省状元如何选专业

高中时候，我最喜欢的是物理，还在全国物理竞赛中拿到复赛全省第三名、决赛全国三等奖的成绩。拿着这个竞赛成绩，如果我选择就地躺平就可以直接保送复旦。但我想了想，以当时的成绩，通过高考上清北也还是比较有把握的，所以我拒绝了保送，决定爬起来继续准备高考。

那年高考，我考了全省第一，在那个小县城算是多年难得一遇，我瞬间变成了县城名人。兴奋之余，我也陷入了深思，这是我第一次开始思考大学专业的问题，在这之前，我基本没有想过这个事。

选择多也会让人烦恼，因为清北所有专业我都可以第一个挑，这样反而让人迷茫。如果招生教授对我说，你的成绩想上清华只能选某个专业，那我还能省点心。可是让我随便选，我反而束手束脚。

于是，我跑去问了身边的一圈人。

母亲在银行工作，恨屋及乌：别的我不知道，反正你千万别报金融。

班主任说：不用想了，报建筑就对了，这个赚钱。

我记得我还问过班主任计算机怎么样，他说：你这分数报计算机太浪费了，而且计算机学起来太累，出来当网吧网管吗？

于是就这么愉快地决定了，我满怀着对未来的无限憧憬，放弃了金融和计算机，选择了建筑学。

虽然作为一个被物理思维培养多年的逻辑严谨的人，我并没有太过于天马行空的想象力，说话也力求清晰靠谱，也许并不具备明星建筑师的艺术气质和天花乱坠的口才，但是，我也在建筑的学习过程中发现了自己的优点：就是面对一些错综复杂的状况，或者毫无头绪的问题时，我能快速理清里面的逻辑关系，并且用最通俗易懂最简单的语言阐释出来，让所有人都能听懂。

细究起来，这也许是得益于中学阶段我经常给同学讲解数学物理题的缘故，有些老师都讲不明白的题目，让我一讲就能瞬间清晰。凭借着良好的逻辑思维能力，在设计课上我也能获得不错的分数，毕竟建筑也要落地解决问题的。而且在多数建筑系的同学都不太重视的数学相关课程和几门力学课的环境下，我简直如鱼得水，班上同学这些课的作业基本上都是"参考"我的。

锻炼各种能力的建筑师生涯

2010年大学毕业后，我也按部就班地进入设计院工作。刚开始工作的时候我希望能锻炼自己全面发展的能力，所以会请求领导让我同时参与方案设计和施工图设计。随着参与全过程的项目积累和几年的努力加班、努力熬夜,我基本摸清了设计院里面的一些门道,专业上也做到了小范围的独当一面。我以为我已经算是同龄人中事业做得不错的了,然而,现实好像并不是这样……

几次和同学朋友的聚餐,打碎了我的认知。了解到北大金融、清华计算机等朋友的收入后,我才发现了自己与他们收入上的显著差距,那个时候,我第一次有了后悔选择建筑系的感觉,也常常会想:如果当初选择了金融或者计算机,我是不是可以过上更优雅高薪的生活?

虽然凭借我的学习能力,我在那时就选择转行是可行的,但是从感情的角度来讲,转行并没有那么容易,更何况还是在我本职工作其实干得还不错情况下。我已经在建筑设计行业耕耘十多年了,这十多年是我的机会成本、沉没成本,也是我的感情投入。其次,转行也需要慎重,我需要时间来想清楚自己想做什么,适合做什么。当年是班主任出于挣钱的角度让我选择了建筑专业,算是误打误撞;那么再转行的话,我希望经过深思熟虑来找到确实适合自己的方向,不能再只是为了工资就去挤热门专业,否则又是重新走一遍老路。

人生没有如果,开弓没有回头箭,我思索再三,决定继续在建筑行业走下去。后来我在国企的发展遇到了瓶颈,我就跳槽去了一家私企设计公司。私企的目标很简单,就是盈利。在私企的经历也锻炼了我除了技术能力之外的一些能力。

比如"项目经理能力",就是与业主沟通的能力。怎么样在沟通中获得业主的尊重和认可,让项目能顺利推进下去并且在解决问题的同时让业主满意,这里面就有很多技巧。

还有"技术管理能力",就是协调管理各专业设计工作的能力。这需要了解各专业的知识，有自己的判断能力，有跟各专业负责人沟通的技巧，站在整个项目的高度看问题而不是局限于建筑专业，统筹各专业的工作，保证项目有效进行下去。

还有一个比较重要的就是"销售营销能力"，就是自己接项目的能力。从零开始接项目是比较难，但也无法逃避，到了一定阶段，想在事业上有进一步的发展，学会自己接项目就很有必要。可以先从一些私活开始，学着自己怎么跟业主沟通，展示自己的专业能力，了解业主的需要，与业主就设计费进行谈判。当你发现自己有能力给公司接到项目的时候，也许就是职业生涯出现跨越式发展的时候。

正是得益于在私企锻炼的这些能力，后面我抓住一个偶然的机会，成为另一家比较小的私企设计公司的合伙人。成为合伙人之后工作并没有发生天翻地覆的变化，也并不能直接高高挂起，我基本还是在做原来做的那些事。当然，这个时候我会花更多的精力去给公司接项目。

到了这个阶段，我神奇地发现，当年的高考成绩，竟然还能为我的工作起到一定的助力。

当年高中母校把写有我名字的横幅，挂满了家乡县城的主要街道，我成了小镇知名做题家。结果在横幅的熏陶下，十几年后家乡的一些甲方老板还记得我，谈项目的时候对我说的话也比较重视，这让我在接家乡项目方面具有了一定的优势。

至此，我好像顺利地成长一名优秀的建筑师，可以继续在此路上精益求精了。

涉足培训，什么才是真正适合我的

2015 年，我开始用实名在知乎上陆续发表一些关于建筑行业专业知识和从业感悟的文章。感谢物理思维和这么多年的建筑专业素养，我可以用通俗易懂的语言，把复杂的建筑问题讲清楚，让所有人都能听懂。得益于此，我在知乎上的粉丝数量快速上涨，不到一年时间就有五万人关注了我。

2016 年，"知乎 live"开始兴起。所谓"知乎 live"就是在知乎上用"语音 + 图片"进行收费直播，来分享自己的一些专业知识和见解，从而获得一定的收入。我也是陆续做了几场直播，主题包括"建筑师教你看户型""建筑师新人职场指南""自建房设计指南"等，播出后反响都很不错。

通过做"知乎 live"，我感受到了线上知识分享这种新兴模式的强大发展潜力。所以做完几场"知乎 live"后，我开始筹划着，要在线上知识分享领域进行更深入的投入和耕耘，要把这个当做我的第二事业来发展。

选择深耕知识分享以后，我也面临一个问题，人的精力是有限的。

之前做"知乎 live"，可以同时打造多个不同主题的产品，但是同时做多主题，必定会导致精力分散，最后就是每个主题都只能泛泛而谈，做不到太深入的研究。虽然在 2016—2017 年的时候，知识分享正处于风口，是个风口上的猪都能飞起来时代，无论你分享个啥，都能在"知乎 live"上获得一个不错的收益。

但我知道，风口总会过去的，这样的时代转瞬即逝，我不想做那个退潮以后在沙滩上裸泳的人。

我要找一个适合我的方向，把全部精力投入进去进行深入研究，做一个比现有的更好的知识分享产品，拥有更高价值，在激烈的市场竞争中保持领先。

从高考选专业以后，这么多年来，我第二次真正由自己主导，发自内心地思考以后的道路：什么才是最适合我的，才是我最擅长的？

这一次，我不再需要咨询身边的人，也不需要参考别人的意见。

最初，我想到了两个主题：

第一个主题："建筑设计"。建筑设计是我的专业方向，从大学到当时（2017年），我已经在此领域耕耘了12年，我也挺喜欢这个专业，并不想放弃。

第二个主题："考试"。我从小擅长各种考试，对考试的理解和研究都很有心得。这一点在高考中已经得到证明。

然后，我想能不能两个主题结合起来。

建筑设计＋考试，很自然地，我想到了"注册建筑师考试"。当时我已经通过了一级注册建筑师考试，我认为主讲一级注册建筑师考试，无疑是最适合我也是我最擅长的一个方向。

于是，从2017年起，我开始在知乎上讲授一级注册建筑师考试方案作图科目（大设计）的课程。之所以选择方案作图这科，是因为这个科目是一级注册建筑师考试最难的一科。要做就做最难的，才能最大程度地发挥我在考试上的特长。不出意外，这门课程在知乎上很受欢迎。

后面由于方案作图课程颇受欢迎，很多学员也开始问我，什么时候也给大家讲一下一级注册建筑师考试其他两门作图科目的课程。一开始我也以为很简单，只需再去研究一下另外两门课即可，但是当我认真研究了另外两个作图科目以后，我发现不能这样率性而为。因为每个科目的考试都有自己的考查范围和应对方法，如果我一个人同时研究和讲授三门考试，必然导致精力太分散，课程可能会不够深入不够完美，这不符合我的授课风格，也不符合我做事认真的性格。

就跟我决定不再多开知乎 live 的初衷一样，我并不想只是泛泛而谈，要做就要打造出全网领先的精品课程。

这个时候我就开始考虑组建团队了。很幸运，我找了另外两位跟我志同道合的清华校友，一位是清华建筑学硕士肖采薇老师，一位是清华建筑学学士雷江帆老师。清华的风格就是务实，相互之间有一层先天性的信任感，合作起来内耗极少，效率很高，我们的团队很快就组建起来了。我负责方案作图课程，肖采薇老师负责技术作图课程，雷江帆老师和我同时负责场地作图课程。

最后我们还做了一个决定，就是要脱离知乎这个平台，打造我们自己专属的平台。因为在知乎的课程会受到平台的各种限制，重要的是，知乎平台并不是为了线上培训而研发的，功能不够强大，没办法给学员提供我们想要做到的授课体验。

这是一个有风险的决定，我当时也想过，脱离了知乎平台，就意味着失去知乎的流量支持，风险在于凭我们自己的努力，能不能在行业立足，吸引到一些认可我们的学员。后来事实证明，只要产品足够好，足够用心，流量会自动找上门来，我们脱离知乎的选择是正确的。

接下来团队的发展还算顺利，由于坚持把课程质量放在第一位的发展原则，靠着良好的课程口碑，我们很快成为在一级注册建筑师考试培训行业非常有知名度的培训机构。

"后悔"学建筑的我,如何教人考一级注册建筑师

或许有人会批评我一方面在社交平台声称自己后悔学建筑,另一方面却在现实中教人考一级注册建筑师,这是一个巨大的反差。虽然我有后悔选择建筑专业,但这只是我对建筑专业和个人特质的匹配度进行了一个反思的结果。这不能说明建筑不好,或者说清华不好,也不能说明我干不好建筑。

正好相反,我反思的结果是,我在建筑行业的15年,走的是大多数建筑师的常规道路,工作8年我已经做到了小型设计公司的合伙人,这是我努力工作的成果,也是我对建筑专业认同感的侧面体现。在这条路上,我也跟大家一样坚持下来,并取得了一些微不足道的成就。即使到现在,我仍然在寻找一个建筑专业和我个人的平衡点,并没有想过去一个完全无关的行业。我还在干建筑专业,并且会一直干下去。

其次,我说的后悔选择建筑专业也是阶段性的,并不代表我一直这样,也不代表我在建筑行业没有开心的时候。刚毕业的那几年正是对收入拓展空间特别在乎的时候,和其他专业的朋友巨大的收入差让我的心理上产生了一种强烈的落差感。抛开其他的因素不谈,我也是可以选择去北大学金融,或者选择在清华学计算机的,对我来说就是"本来可以,但是没有"。这种感觉会让我心理不平衡,并产生一定程度的后悔。我也明白,这种后悔并不是我的错,也不是建筑的错,是不同赛道带来的差异。而且这些落差主要源自于我和金融、计算机同学收入上的强烈对比,但实际上,这个对比并没有包含建筑带给我的快乐,看着自己的作品从图纸到最终落地,有些成就感是工资不能够完全体现的。

最后,正是因为我对建筑的坚持,我个人细致爱思考的特质,以及我在行业里面摸爬滚打多年积累的经验,我才能成为一个好的建筑师,并进而成为一个能把复杂问题讲清楚,帮助更多建筑师的一级注册建筑

师考试培训老师。无论是从专业水平，还是逻辑思维能力、表达能力和考试能力上，我都是最适合做一级注册建筑师考试培训这个工作的人。

找到这个方向，对我个人来说，综合能力可以得到更好的发挥，是好事；对行业来说，由我这样的人来普及建筑学基础知识，避免误导，也算是好事；对学员来说，选择我的课，可以更清晰地学到知识，少走弯路更快通过考试，每年节约大量的复习时间和精力，早日考过可以少个牵挂更加投入工作，也是一件好事。

不忘初心，继续前行

2020年，"清培注考"越做越大，学员数量也越来越多。作为机构负责人和主要课程的授课老师，我需要在机构上面付出的时间和精力也越来越多。这时，我又感觉到了熟悉的困难，还是精力分散不能兼顾的问题。因为除了线上培训机构，我当时还身兼小型设计公司的合伙人，这两边都非常耗费时间和精力。

虽然人人都在说"做副业"，但现实是残酷的，人进入30岁后，家庭会分担占据很大的精力，没有过多的时间和想法去做除"家庭"和"主业"以外的事，而副业如果要认真起来，并不会比主业轻松。我认为要把时间和精力都投入到一件事上，才是效率最大化的方法。

我的职业生涯，又一次到了做选择的时候。

一边是求学5年，工作10年，一共耕耘了15年的建筑师工作。

一边是当时（2020年）已经开始了3年的授课老师工作。

我决定选择后者。

这个选择曾经在知乎引起过一个小范围的讨论，但经过深思熟虑，我还是决定遵从自己的初心。

在我看来，工作没有好与坏、高与低之分，主要看于自己合不合适。判断合不合适主要看两点：性格爱好、个人特长。

从剖析自我出发，为什么我坚持继续做授课老师：

首先是性格爱好。我不属于八面玲珑左右逢源的类型，更喜欢安静地去思考，去做事。之前作为设计公司合伙人接项目和甲方应酬的时候，我就觉得这不是我喜欢的场合。但如果想接某些项目，和甲方的饭局往往必不可少。要在这种应酬的饭局中想坚持不喝酒而又不得罪人有多难，相信经历过的朋友都有所体会。

而作为一级注册建筑师考试培训的老师，我的主要工作是研究一级注册建筑师考试，掌握考试的规律，以及研究怎么把课程设计好，怎么把课讲好，怎么让学员从课程中获得最大的收获，从而顺利通过考试，这些都是适合我性格的，也是我喜欢做的。

其次是个人特长。我从小擅长各种考试，对考试的理解和研究都很有心得。对我来说，建筑师工作可能是复杂的，但建筑师考试是很简单的。因为考试是有明确答案的，对就是对，错就是错，不像做设计，这个人觉得你的设计很好，但另一个人却有可能把你的设计批得一文不值。只要考试有明确的评价标准，我就能把这个标准研究透，并学会应对的方法，从而在考试中取得好成绩。所以作为一级注册建筑师考试的培训老师，我可以让我的特长得到最大程度的发挥。

想通了上面两点，选择做一级注册建筑师考试培训对我来说就是一个不忘初心，继续前行的延续。

从最初喜欢物理，到选择建筑专业成为一名建筑师，再到最终成为一名一级注册建筑师考试培训老师,我在高考后的每一个选择都尊重了自己内心的想法,讲课也能发挥自己的长处,运用逻辑思维,把这么多年积累的建筑专业素养,用通俗易懂的语言,讲给更多人听,帮助更多人学到知识并通过考试。

从结果来看,我作为一级注册建筑师考试培训老师讲课五年,指导了五千余名学生,大家对我应该还是满意的。也许选择清华建筑系我是后悔的,但是成为一名一级注册建筑师考试培训老师,我并不后悔。这五年来,有一份自己喜欢的,并且擅长做的工作,能把自己所有的时间和精力都投入进去,并坚持不懈、风雨无阻地做下去,我没有后悔过。

也经常会有学生问我,现在建筑行业风云变幻,建筑师该怎么办。这个问题我其实没有答案,每个行业都会有起起伏伏,这种起伏会随着时代的进程而发生变化,即使是现在处于高峰的互联网行业,在2000年也曾经出现过互联网泡沫的破灭从而导致了几年低谷。在历史的洪流里,个人选择往往大于个人努力。就像我当年选择了当时热门行业并且做得很好,也可能始终比不上一些在当时偏冷门而后变成风口的赛道上拼搏的同龄人。

我们无法预知未来,那么选择职业方向时还是要多从自身出发,经过发自内心的思考,找到自己喜欢的并且擅长的工作,坚持投入下去,不断提高自己的水平和能力,这样的话无论是否还留在建筑行业,都一定能在事业上做出成绩。一个人的视野和选择很难超出自己的局限,但这并不妨碍我们脚踏实地地好好生活。

书友问答

问:一级注册建筑师这个证有什么作用呢?

答:从最实际的出发,当然是可以增加收入。从长远发展来看,一级注册建筑师证书以后可能会是建筑业的准入门槛。现在的情况也是，没有一级注册建筑师证书，就没有资格给自己做的项目盖章，还得挂别人的签名和章，个人的职业上升空间会受到限制。

从个人角度来讲，建筑师一般都还是有"一注"情怀的，希望能早点考过，可以了却一桩心事。把"一级注册建筑师"写在名片上，以后出门谈项目腰板更硬，说话都有底气了。

问：未来一级注册建筑师证书这种以前"高端"的证书会不会变得"平民化"，类似于行业许可证一样？

答：就目前来看，一级注册建筑师考试的全国通过率还不算很高。虽然每年看起来通过人数都会比去年多不少，但总体的通过率其实还是不到两位数。举个例子，每年方案设计的通过率仍然在10%以内。

从长远来看，2023年一级注册建筑师考试会实施9门改6门的改革，整体上的难度可能会比现在略有降低，也有可能持平，这个需要看新大纲的具体执行情况，如果难度降低的话确实会有更多的建筑师拥有注册证。那么，未来随着市场上的注册证书越来越多，一级注册建筑师执业资格证书可能会变成行业许可证的性质。

问：随着智能化发展，是不是从业人员会大部分被淘汰，建筑师的薪资会进一步降低？AI会在不久的将来代替建筑师吗？

答：我不认为AI可以代替建筑师，好的建筑师永远是稀缺的。

建筑师的不可替代性是非常强的，根据我现在的观察，AI还做不到代替建筑师的程度。建筑并不只是冷冰冰的计算，它有美学和人文的内核，好的建筑有打动人心的力量。建筑这个行业本身范围也是非常宽泛的，就算抛开设计相关，至少还包括了软件、结构、机电、法律、财务、税务、人事等方面，建筑师是一个需要跟各行各业的各种人打交道的职业，相比之下 AI 与人相处的能力还是太弱。

我更倾向于 AI 可能会成为建筑师手里的一个工具，就类似于 CAD 软件对于建筑师的帮助一样。但是你说 CAD 的出现有没有导致大量从业人员被淘汰呢？事实上并没有，所以我认为不要过度地去神化人工智能。

邢可

2005 年省高考状元。

2005 级清华大学建筑学本科生。

2010—2018 年分别供职过国有设计院和私营设计公司，建筑设计师。

2018—2020 年担任某设计公司合伙人。

2017年联合若干清华校友创办"清培注考"培训机构,目前已成为全国知名的一、二级注册建筑师和注册城乡规划师考试培训机构。

知乎账号"邢可",江湖人称"开阿"。

公众号"清培一级注册建筑师"。

96 级清华建筑系莉姐的独白：
浅谈自由职业者的修养

> 人越强大，对周边的影响力就越大。小树撑起的绿荫大小和大树是不一样的。作为小树的你是去抱怨烈日太猛，还是先聚焦自己如何长大？

27 年职业生涯

大学

我从小反应快，爱说话、喜欢张罗。填报高考志愿时，觉得自己以后应该做管理，但又感觉管理太虚，得先有个专业垫底。我去清华主楼前进行考前专业咨询，问了建筑系和结构系老师这两个专业的区别，他们的解释是建筑学管房子好不好看，结构管房子结不结实，我琢磨了下，好不好看比较好玩，就报考了建筑学。

但实际上，我缺少美术基础，这使我自以为"有创意"的设计被打了折扣。因为手容易出汗，大学后的第一次作业——铅笔画弄得很脏，被要求重做，这打击了我后来的专业自信心。不过好在建筑系的生活和同学关系都很好，我就这样稀里糊涂地毕业了。

毕设时我跟着"沼渔潭"工作室的三位老师做规划，因为建筑的泛领域我都涉猎了，所以在毕业设计中期答辩时走了捷径，讲了室内—建筑—规划设计的共性与差异（因为发现前面的同学讲了太多调研细节让老师们昏昏欲睡）。这个取巧受到了尹稚老师的表扬，也可以看出我的特征是善于总结和现场应变，不过技术深度还是不够。

毕业设计组人多，而我是 96 级唯一的女生，项目内外的后勤组织都落到我头上，在重重锻炼下，我的胆识和眼界迅速提高。

"清水爱派"

毕业后我去了"清水爱派"，主要做室内设计。次年 3 月底，我因为之前一个师弟把项目耽误了而被"抓"去"救火"，当了总公司办公区域室内设计的项目经理。当我拿着临时做出来的几张平面图，面对深圳中建的总经理高总和各分公司一把手时，对方老总劈头就问："你们谢总（"清水爱派总经理"）说春节前就能完成全套施工图，为什么现在只有这几张平面啊？"

我应变到："平面功能需要和各分公司负责人沟通，才能确定最终面积和家具数量，部分材料可能由咱们的赞助商来提供。这次汇报后确定风格、分区、家具要求后，我们会在一个月内完成施工图。"当时被谢总安排过去帮我打圆场的另一位领导，意识到我能自己搞定，很快就撤了。

当然，只靠取巧不能获得职场上真正的认可。这次出差时，我认真核对了所有的现场尺寸和使用需求，明确了材料赞助商的要求，并在烈日下补测了办公楼前景观的设计条件（临时加的任务），这些都受到了领导的表扬。

"沼渔潭"

2002 年，"沼渔潭"的三位老师正式创办了公司，于学文老师拉我回来，我觉得是个好机会，就加入了这个团队。因为缺人，我上来就担任项目经理，除了技术把控，所有的事情都需要自己做甚至做主，所以这段经历特别锻炼人，包括学习新项目的能力、组织能力、应变能力。

做巩义市总体战略规划时，那时我也就刚工作两三年，却已经是带队的负责人。接待的市委秘书长一见面就觉得我太年轻了，要给于老师打电话换项目经理，我说既然来了，您等等，中午再打吧（当时出差都是乘坐夕发朝至的火车）。然后我拿出拟好的调研清单，积极跟各方交涉沟通，安排项目组成员现场调研。到了午饭时，我问秘书长，还需要换人吗？对方说不用了。

在35岁之前，我比同岗位的其他同事平均年龄轻，因为性格活泼，再加上高强度出差，我偏爱休闲装。但我的工作主要是协调公司外的客户和部门外的团队，我用充足的准备、快速的反应、细节的把控和沟通的效率来弥补年龄和外表的不职业化，与他人建立信任。如在项目汇报时，经常会遇到甲方们不同的甚至自相矛盾的意见，判断在场者的话语权和相互关系，抓关键人物的核心需求并做出回应就是我的必修课了。

谭纵波老师评价我"善为无米之炊，但按部就班的事并非强项"，这个评价客观犀利。我在"沼渔潭"当了6年的项目经理，只有4万元的应收未收款，这还是因为我跟老师的判断相悖我妥协了，多年以后"江湖上"有个传闻就是我当项目经理零欠款。

于学文和谭纵波两位老师，对我职场价值观、习惯和技能提升帮助很大。当时人才是断层的，我们这拨人工作1~2年就担任项目经理，虽有揠苗助长的弊端，但跳跃式发展的机会也多。

MBA

工作四年后，我希望能学点新东西，也是基于往管理层方向发展的想法，我去读了清华在职 MBA。这一届有 360 余名同学，来自的行业背景差距很大，我看到制造业、金融业、政府机构等不同领域的差异化，横向思维被迅速拓展了。

这几年，有不少人咨询我如何选择读书深造，我个人建议是，如果想在建筑领域有更专业的发展，首选本专业硕博士；如果想在地产领域发展，读房地产硕士更好，如果想跨更大的领域，MBA 的优势更明显。

MBA 给我带来了更广阔的视野和人脉。

悉地国际

2008 年，我从 MBA 毕业了。"沼渔潭"工作室提出给我股份，但我当时 30 岁，觉得应该去更大的平台看看。悉地国际的 HR 张磊给我打电话，说北京规划团队需要经营副总。

张翼师兄夫妇在我人生中的很多关键节点给我过帮助和指引，我给他打电话征求建议，他说："悉地的 HR 给我打电话说给他们成功引荐高级别人才，会付费。设计公司这么做，挺有意思的，你去看看吧。"谭纵波老师的同学方兴当时任悉地北京公司的总经理，谭老师特意请方兴总吃了个饭，把我托付出去了。

我进入悉地时，是其快速发展和体系创新的阶段。我在头六个月的适应期还是很痛苦的，为了证明自己能做好，一度累出了肺炎。从规划事业部到区域市场部，从经营管理、产品经理到大客户经理，我更换的都是横向合作的部门，跟一大批优秀的人共事、学习、成长，并在 2010 年成为 CCDI 学院的首批学员，亲历公司的实践和变革。我看到几个亿乃至十几个亿的设计业务如何运转，体会到创新管理的意义、问题及调整办法，对共性的观察思考使我在应对个案时游刃有余。

在悉地很长的时间我的领导都在上海，我在"放养"下同大我 8-10 岁的其他部门老总合作和学习，有两条体会：

一是要结合过往去学习。很多事情的方法是通用的，找到和你过去工作中最擅长的事情的关联做加法。

二是观察、模仿、逐渐形成自我。我刚开始做经营时，一无所知却乐观得一塌糊涂，在每次出差见甲方后，都向同行领导请教对事情的判断和逻辑，逐渐我就有了几种不同的思维方法，然后实践—试错—形成我自己。

在悉地时，我善于张罗的特性也得到了发挥。提前完成指标后，我组织过多场市场活动，包括 1000 人的年会，还在三天完成 MTV 的拍摄和制作，用的都是项目管理的方法。

在横向资源很多的悉地，长期接触不同的客户和内部团队，我特别关注合作对象的选择，找到价值观匹配的客户和团队，既容易把项目做顺，又可以把项目做好。当时做事情很拼，我被集团领导称为"重武器"。

友邦保险

2015 年，我生了老大，同时家里有亲戚得了癌症，让我对保险开始关注和了解。2017 年怀老二时，我在思考现在的自己可能没法像以前一样频繁出差了。正好有个 MBA 同学在友邦，我就去考了友邦经纪人，既是高医理赔几十万的用户，又是销售者，让我对产品和客户需求理解比较深，同时没有太多功利性，使得我在保险客户中结识了一些朋友，但因为精力分配有限，我没有将保险作为主要职业。

从管理者到自由职业者

2019年，师姐张瑾想让我给她的所做管理咨询，考虑到两个孩子还小，我需要更自由的工作，我离开了悉地创办了筑诺咨询，主要给同衡等院所提供咨询和培训，正式把自己变成了个体户。

2020年，悉地公司需要做产品手册，老朋友季凯风总找我帮他编写，又把公众号撰写和运营的事交给了我，我又多了一个"不务正业"的工作。

和一个小伙伴午饭时，他问我："莉总，我们很羡慕您的工作方式，您对现在的状态有什么感想吗？"我想了想说，自由职业者需要以下三点素质：

第一，强大的自驱力：因为压力不来源于组织，来源于自己——经济、学习、能力的要求，都靠自我设定。

第二，清晰的自我认知：在企业里，你的职务岗位是被设定的：某总，某工，等等；当了个体户，你需要对自己的优劣势、能力有客观的评判，才不会受到环境的影响。

第三，强大的时间管理能力：同时进行几项弱关联度的工作，时间管理尤为重要，我把工作分成三类：

第一类是需要和别人一起的，如当面交流、开会、培训，这类优先排序；

第二类是自己独立完成但需要精力相对集中的，如写文章、备课等；

第三类是利用碎片时间完成的事情，比如我通常在出租车上约定第二天的事情和回微信，一边看着孩子玩一边贴票据。

现在的互联网化，可以从事的自由职业很多，我合作4年的"最佳网友"力允也是自由状态。但如果不是炒更（来源于粤语，指完成部分被拆解的私活）而是独立承担任务，还是应该在该工作领域上完成了原始能力积累再彻底自由职业，否则在解读需求、节点控制、技术高度和风险控制上都会遇到困难。竞争越激烈的行业，优势积累的作用会更大。职场新人想快速提升个人能力，优先考虑平台化的大公司。

大家在选择与自由职业者合作的时候，无外乎三个评估标准：

第一，专业能力（技术水平、工作质量）；

第二，沟通能力（理解需求，能主动沟通）；

第三，风险管理（可控，准时优质完成工作）。

在大公司做管理者和自由职业，这是两种截然不同的选择，2022年时我也有入职校企的机会，最后我放弃了，疫情过后，我更希望和朋友们一起工作。我逃避了大企业的内耗，也放弃了躺平的可能——只能直面自己的人生，从某种意义上，这需要承担更大的责任。

在2022年5月连续出差26天后，我思考了半年，决定以自由的方式恢复最擅长的经营组织工作。当我逐渐成熟后，开始规避自己不喜欢和不擅长的，去选择合适自己的发展方式。生活节奏快，很多人都在被动生存，不知道如何能在组织的限定框架下自我成长，缺少主动选择的动力。

经历这两种工作方式后，我的建议是：如果个人的自驱力不强，或心态不够强大，别轻易选择自由职业。我每年都会学习新东西，喜欢保持好奇心的能力叠加和向上生长。

2022年我开始做个人视频号，这是个大挑战，因为之前我都是藏在屏幕后码字来表达想法，如今要把自己推向前台，我不知道这会不会影响自己的生活。第一次试拍摄时我浑身发抖，为暴露在镜头前感到害怕。不过我没有长时间陷在这种恐慌的情绪里，我问了3个做视频号的朋友，两个说没有影响个人生活；一个说有些博主反而希望打造个人IP，将镜头形象长久地和个人生活绑定在一起，要看做视频号的目的是什么。

我回顾了自己做视频号的初心：没有变现诉求，只是想做总结和分享，所以我开心就好了，等某天有商业想法时，我再去权衡是否能接受其他代价。通过听取朋友的建议和明晰核心诉求，我解决了焦虑。

不管什么年龄，保持好奇心，愿意尝试，提升自己，都会有更多的机会和选择。

关于建筑和跨界

我在1996年入学建筑系，早几届的师兄师姐在上大学时就能接到设计办公楼的活儿。到我们同期，只能接到画效果图和CAD图的工作。建筑市场的人才需求从快速扩大到逐渐饱和，这种状态持续到2013年。而最近几年，建筑设计人才的需求明显在收缩。

朋友圈使我们能很快看到朋友的生活，特别是好的一面，会觉得他或者他的行业很轻松，但人很少主动宣传自己的困境。我相信不管做什么行业，最终做得好的，都是两类人：

一类是在专注技术且有一定天赋的人，放到设计行业是主创或大师的发展路径。

另一类是对组织、需求、人敏感的人，放到设计行业就是项目管理——综合管理的发展路径。

如果具备这两种能力之一，跨界就相对容易一些，否则会一直遇到意识、习惯、技能方面的瓶颈，并不会因为换一个行业，或者从待在企业内到自由职业就会发生本质上的改变。

上大学选专业时，我们对所选专业和个人能力都缺少足够认知，有一定的盲目性。各专业的跨界都很正常，建筑行业只是其中之一，但应该在清楚自己优劣势，新行业特点、需求后再选择，不然跟高考填志愿时的懵圈状态没有本质区别。大家跨界是为了更好地发展和生活，而不是发生跨界行为本身。

建筑系学生毕业后在大院工作，开始在一两个小领域内重复劳动，但三五年之后，有人能担任主创或项目经理，有人则还是熟练的螺丝钉。区别在哪里？前者要么在专业上下足了功夫，要么聚焦在全项目管理流程和客户需求。发展缓慢的人，换个领域，也不容易快速突破。

工作不会像在学校那样，有人给你清晰的任务书，有老师教你破题，指导你，打分。职场新人主动地学习、发问、观察、模仿、试错、总结特别重要。这是一种职场学习，不管是否需要跨界的通用套路。

充分利用自己经历的项目，学习，模仿，成长，再举一反三，复制到其他行业。关注内因，聚焦在自我提升并相信时间的力量！

虽千万人吾往矣！

书友问答

问：有哪些给职场新人的建议？

答：1. 提升个人竞争力

现在的社会信息更替得太快了，人真正"退休"的时间会很晚，持续学习的能力很重要。我也会担心自由职业的不稳定，但这种不稳定来源于害怕家庭或身体出现意外，并非外界的变动，因为我的能力每年都在增长，平均竞争力也在上升。

刚开始写公众号推文时，我找了从事建筑公司媒体的闺蜜做支持，看她推荐的书来学习公众号的写作和排版，文章写完后，再让闺蜜提意见。我每天晚上刷十来个公众号，看文章，一开始是没有任何重点的阅读。写了几篇文章后，积累素材多了，再去阅读时，我就会系统地关注"观点＞表达逻辑＞表达技巧"了，收藏和反复阅读的文章就迅速减少了。

这个"套路"也被我用来指导别人写公文和汇报PPT，期间我还上过三联的《人物专访写作课》，反过来将写人的方法用到写项目文章上，这就是之前提到的将新知识与旧技能关联。

我刚工作时比较浮躁，张翼师兄告诉我："社会上机会很多，你要增长自己的能力，机会来的时候能抓住它，不然抓错了一个可能丢掉一批。"有些一毕业就创业的师兄们，几年后就遇到发展瓶颈，因为原始积累不够，又背上了团队的压力，就只能吃知识储备的老本。

不久前有个转行去友邦的学妹也咨询过我对职业发展的建议，我跟她说我所有的工作，都是持续积累的。比如做咨询，最早是2014年北京市建筑设计院的一位师兄找我咨询经营管理，后来我陆续给一些设计圈的朋友做分享或建议；再比如写公众号，我一直喜欢写文字，早期担任过《住区》杂志的编辑。

能始终拥有较多的选择，是我持续关注个人能力提升并获取相关领域认可的结果；圈子不大，把事情做好是最大的市场竞争力。

2. 避免焦虑

有人问我会不会因为自由职业而经常焦虑，很多人容易受到外界环境变化的影响而焦虑，大概率是因为想太多做太少了，把情绪过度放大了。我们往回看，一定会发现，之前很多觉得特别痛苦特别艰难的事情现在能一笑了之了，那么未来也会这样。接受情绪，但不要在某个点上长时间自我消耗，而是更多关注我能做什么，如果实在想不到能做什么，就先放放，过段时间可能就不需要解决了。

问：有网友说"你的经历都是因为建立在清华出身的背景之上，而普通设计师几乎很难复刻这条职业路径"，您怎么看待这样的说法？

答：看上去的毫不费力，都是付出了巨大的努力，我相信很多人也一样。

我父母都是小学文化的普通工人，我是靠自己考进清华的。即使高考没能考进清华，我相信有这样的能力和努力，我依然可以在职场做得不错。

清华教会我最多的是学习的能力，名校背景只是衍生的附赠，一个人若没有基础能力，也就谈不上借力。很多人非常会建立人脉关系，但是自修不够，资源也就变成了吃饭的朋友。很多非名校出身的人，发展得也很好，他们肯定也是通过自身的努力并借了外部资源，只是大家没有记住他的学校而已。

任何学校毕业的人，只要努力并找对方法，都可以相对发展得更好，不要以学校背景而给自己设限。

问：当前的时代变化之快让许多人觉得已经没有所谓长期的职业规划所言了，您怎么看这个问题？

答：变来变去的，都不会成长得太快，因为企业不会给频繁跳槽的人太好的晋升机会的——内部都没磨合好呢，怎么给机会呢。在选择进入一家企业前，我们应该考虑清楚自己的目标，从个人成长来说，至少选择能有足够的东西可以学三年的公司吧，不要把快速换公司变成习惯。

我们这个时代，基本不存在终身的职业规划了，但长期的个人能力规划应该是始终坚持的。比如我会始终关注对需求的关注、组织协调能力、表达能力方面的成长，而不会把当学究当成自己的目标。

李莉

2001年清华大学建筑学本科毕业。

2008年清华大学在职MBA。

在三家设计公司先后担任建筑师、项目经理、市场总监、产品总经理、大客户经理等职位，并从事友邦保险营销员，公众号运营的工作。

2019年成立北京筑诺咨询有限公司，承接设计公司管理咨询服务。

2022年创立"大莉出奇迹.AC"视频号，输出运营项目、经营、产品、客户管理内容，同期恢复经营管理工作。

写建筑师小说的夏至：
为什么要等到 50 岁才做自己喜欢的事情

> "如果人生重来，你会怎么做？"
>
> "没有如果，随时可以。"

上个世纪的建筑毕业生

高一期末考结束分科时，我选的是文科。暑假里，班主任给我父母写了封信，建议我改理科，毕竟在传统认知里，理科生高考更容易选择好选专业，进而好就业。我父母都是理工大学的教师，家里一本文学方面的书都没有，我却非常喜欢文科，语文和英语一直不错。初中时是语文老师和英语老师的心肝宝贝，到了高中，仍然是班上的英语大咖。

纵有万般不愿意，可我一直是只温顺的小绵羊，也不敢反抗，最终还是改选了理科。

整个高一暑假，我极其郁闷，数学和物理令我头大。我除了没有信心读好理科，对未来大学里的理工类专业也毫无兴趣，难道我一辈子就要做自己根本不喜欢的工作吗？那个年代也没有辅导班一说，能读书就读，不能读书就做个工人或个体户。在父母的认知里,从来没有其他选项,只有读书一条路。

高二开学时我告诉自己:没办法了,死马当活马医吧。于是我整理心情,从高二上学期开始玩命读书。高考前报志愿,厚厚的志愿填专业目录,就找不到一个我想学的专业,弱水三千没有我的一瓢饮。妈妈说她们大学里有个设计院,听说就是整天画图的,不用搞数理化,要不你就学这个吧。我眼睛一亮:就是它了!于是我的志愿从重点本科到中专,一溜儿全都是建筑学或建筑工程。幸运的是,我在高考中逆袭取得好成绩,考上了自己心仪的院校,至于专业?当然是建筑学。

那是90年代前半段,建筑学在社会上是极受尊重的专业。我坚信自己多年后必定会是个著名建筑师,班里的同学们也必然人人都是行业栋梁。本科五年光阴匆匆而过,到了毕业那年才发现,全广东根本没有多少设计院,设计院每年也没有几个名额招毕业生,有的设计院甚至不收应届毕业生,收的也只要一两个人。那时候信息不够透明,毕业生仅凭自己的人际关系网,去摸索打听那些愿意招聘应届生的设计单位。天之骄子的名号只属于塔尖保研那几位,以及家里有关系早已铺好路的那些。

现在回想起来,其实人生的每一步都祸福相依。如果一毕业就头顶光环脚踏五彩祥云行走在天上,反而在以后几十年的漫漫长路上容易痛苦失落,毕竟跌落凡间的痛苦比从未富贵的痛苦大多了。

这匆匆20年,眨眼如云烟

毕业20多年,同学们在各种行业各种公司修炼人生。有的同学出国读研转学计算机;有的出国又回来继续做设计;有的创业开设计公司当老板;有的在设计院多年媳妇熬成婆;有的走仕途宦海浮沉;有的在世界 500 强或默默无闻的地产行业做中高层；有的因身体抱恙早已离开工作岗位；有的财富自由早早退休享受人生；当然还有人闲云野鹤半生，归来仍是少年。

虽然我不了解每个同学的 20 年故事，但我想说，即使是我们 70 后，有幸经历了中国城市建设高峰期的 20 年，正是享受时代红利的一代人，仍有大量同学没在设计岗位走完职业生涯。每个时代都有它的机遇和挣扎，所有行业都遵循二八定律，不存在每个从业者都意气风发的专业和时代。

从人的整个生命周期来看，做到事业稳步发展，婚姻家庭经营得当，下一代可持续发展，比个人事业是否风光更考验人的智慧。

说回我自己，做了许多年建筑设计取得了一级注册建筑师和高级工程师资质后，由于感到做乙方越来越失去话语权，对设计已经无法进行有效管控后，我进入地产行业工作了 10 年，大开眼界。虽然失去了做设计的机会和权利，但换个角度，从事房地产业可以深刻理解城市发展的政策制定、城市管理和运营、建设项目的全过程管理，还有机会面对社会百态，这些见识在设计院是无法获得的，毕竟建筑师主要还是就技术谈技术。然而，一个建设项目最关键的因素未必是技术。

房地产这一行也相当辛苦，尤其作为一名女性，需要兼顾事业与家庭、孩子等多种压力，对我个人体力和精神消耗非常大，需要强大的内心不断提供内生动力来支撑。但这一行让我真正成长了，辛苦也是值得的。

我不想等到 50 岁

随着中国城市化进程进入尾声，国际国内环境也发生了巨大变化，受到双重影响，地产行业进入了存量博弈的时代。都说艺术源于生活高于生活，其实现实比故事精彩多了。

当一个人在工作中长期感到压抑且无法改变时，就会开始思考自己余下的职业生涯是否要继续消耗在陷阱里，对其他可能性的向往是否会战胜对离开"舒适圈"的恐惧。有的人选择主动离开，有的人选择继续在这片红海里厮杀浮沉。

在地产公司疯狂工作的时候，我就给自己画过大饼，要在50岁以后改行，做点自己喜欢的事情。如今发现，是不是非要等到50岁呢，可能也不一定吧？

也许是时候放手了，回归自己最初的梦想，让闲置多年的码字爱好陪伴我的下半生。写作对我来说，是个遥远但从未放弃的梦，我不确定自己到底能写出些什么，但我可以尝试。同时，市面上从来没有一本关于建筑设计行业的严肃小说，大众对建筑师这个职业有着不切实际的错觉或幻觉，而我有20多年参与建筑设计行业的经历，我可以做那个真诚的记录者，把大家的心声写出来。

我想写一本关于设计院和建筑师的小说，倾泻心中关于建筑人的奋斗、心声、困惑。

小说于2021年九、十月开始构思，而我在2022年春节前正式从地产公司离职。刚动笔时还没有想好故事大纲，只有初步的情绪性走势。等到过完春节，给自己足够的空白时间后，发觉自己想写小说的意愿还是很强，于是我下定决心开始动笔。

做成一件事需要天赋，更需要努力。少年时期敏感捕捉情绪的能力虽然在长大后慢慢钝化，但心灵是可以重新开启的。打开尘封的情感触角，思考角色的性格和行为动机，就像做 3D 人物建模，故事人物慢慢变得丰满真实。另一方面，我也在持续学习写作技巧、如何设定人物、布局故事大纲、安排情节和节奏等，这是保证小说好看的关键要素。

在房地产行业的高强度下工作多年养成的习惯帮助了我，我每天设定一定字数的考核目标，长期坚持下来取得了良好的进展。

历时 4 个多月，13 万字的小说《总图没有指北针》终于在 2022 年 5 月份写完，在豆瓣阅读上连载，在精品榜和新人榜上均获得前 5 名，至今收获超过 10 万阅读量。在连载过程中，小说的整体面貌、故事性、真实性获得了读者即时反馈认可。读者们在小说里看到自己曾经的影子或相似的困惑，也从文字中获得一点前进的动力。

从这本书里，你能看到 20 世纪 70、80、90 年代不同年龄的建筑师经历了不同的时代背景，却都纠结而奋斗的人生。70 后在行业向上的阶段经历了一个比较好的职业发展，但在职业生涯后期遇到困境；80 后遇到高房价且已背负了养家糊口的压力；90 后手握更多选择，可能直接选择了逃离。不同的人们面临同样的环境会做出不同的选择，我在小说里安排了相应的人物和命运。这是一本现实主义的小说，不是逆袭爽文，无论从人物塑造还是故事情节，它都具有"建筑实录"一样的档案价值，它记录这个变化的时代，记录设计院各种人物的言行思欲，他们就在你我身边。

没有如果，随时可以

写小说可能不会马上带来收入，但我坚信做这件事情是对的，有一种使命感始终在催促我写完这本小说。写完的时候我感到如释重负，终于完成了一项重要的工作，了却了一桩心愿。

至于收入受影响，做自己喜欢的事情肯定是要有一些取舍的，哪怕爱玩手游也需要花钱买皮肤和装备。既然房地产行业要出清过剩产能，我为何不转换另一条道路，给自己一个适当的时间段来做思考和尝试，期间降低生活开支，从前穷的时候怎么过现在就怎么过，我可以适应。这是合理的可控风险，无须过分恐惧。

当初我从设计院转房地产时也是从降薪做起，从低做起，并且我在转入房地产行业的前三年的薪资都低于原先在设计院，可能这就是所谓的"转行穷三年"。但这就是转行要付出的代价，该忍受的就是得忍受，摒弃一些不必要的消费习惯，日子并没有那么难过。

命运中每一份礼物都暗中标好了价格，不要去羡慕别人，踏实做好自己眼前的事。这山望那山高，到头来耽误自己赶路，还不如认准了一条路，咬牙走下去。这些话，20多岁的我听到时大概会嗤之以鼻：哼！又在给我洗脑。而如今我已走过半生，才发现这些都是朴素的真心话。我相信疫情这三年也会促使每个人思考：我们的生活必然五光十色，水涨船高吗？如果人生有十年低谷期，我们又该怎么度过？

建筑学不仅为我们带来专业知识技能，还带来敢于尝试的勇气，灵活变通的思维方式，这些都是我们最珍贵的谋生能力，不要被设计院或房地产公司束缚住我们的可能性。很多建筑师都有一些文艺的特长，唱歌、玩乐器、绘画和各种意想不到的技能树，或许有一天，它们也都能开花结果。

这本书的绝大多数读者都比我年轻，你们都还有那么多机会可以去尝试，要永不停歇地热爱生活。即使当下有困难，也不要太快忘怀年少时想要达成的使命，或许有一天，你还会重拾初心。

"如果人生重来，你会怎么做？"

"没有如果，随时可以。"

【读友问答】

问：纵观这二十年，在建筑行业里除了热爱，还有什么支撑着您继续在这个行业中奋斗？

答：与全社会各行各业横向比较，建筑设计行业并不是最苦的行业。首先，这个问题实际上与每一代人的价值观有很大关系。举个例子，90后年轻人谈结婚，可能会婚前因为彩礼或房子谈不拢而放弃，不结婚了；婚后可能会因为一些琐事互不相让就离婚。然而这类情况在70后身上出现几率相对比较低，70后的婚姻如果出了问题，更多会去挽回补救，只有少量最后走到离婚那一步，这就是价值观的区别。70后大多没有退路，我们只有咬牙硬撑着往前走，而新一代年轻人有选择余地，更灵活、更随性，他们越是觉得自己应该有更好的未来，尝试新事物的可能性就越高。我不能说这样对或不对，每一代人有每一代人的成长环境和忍耐力阈值，我也不能要求年轻人吃老一辈人同样的苦。

其次是大学里建筑设计教育的精英化思想，某种程度上误导了年轻人。大学教育中过分渲染建筑师对社会发展的重要影响，会使学生误以为自己是冉冉升起的社会精英，然而一踏入社会，发现市场的游戏规则完全不是这回事，心理落差特别大。放下心中精英的自我期许，放平心态，平和地面对职业困境。

最后，很多人是高考高分考进建筑学的，读了5年毕业后收入却有可能比不上那些曾经分数低于自己的同学，感觉亏大了。我当初刚毕业的时候，也觉得忿忿不平，认为自己被严重剥削了。然而现实情况是，无论哪个行业都是有人吃红利，有人卖劳力，并非建筑设计独有，二八定律在哪里都是存在的。只是因为那些处于风口的行业超额利润实在太大，以至于连刚入行的年轻人都可以拿到高薪。每个行业都有各自的生命周期的，现在入行各种最前端的行业，也许人到 40 岁时这个行业就人力过剩，谁也不能保证每个行业都能永远繁花似锦。

每个行业都有发展、高峰、放缓、下降这样的生命周期，建筑设计也不例外。我粗略统计了一下，同届的建筑和规划同学里，如今不在建筑大行业下工作的也占比 30% 左右。被认为是享尽黄金二十年的 70 后都有 30% 的转行率，现在环境不好从业者转行，是很正常的事情。我以自己 30 年的观察周期来做个总结，最终能在建筑设计这场职业马拉松里跑完全程的，注定只有少数，大部分人只能在生命的某些时光里与建筑设计有交集。

当然也不用担心，建筑设计行业不会垮的。穷则变变则通，这是天道。这里的"穷"不是贫穷的意思，而是到了尽头的意思。

如今我越来越意识到，为社会留下一些建设性的成果而不是只顾自己挣钱，可以帮助人摆脱中年危机和生命虚无感，哪怕那件事情微不足道。正如我写的反映建筑设计行业现状和建筑师成长奋斗的现实主义小说《总图没有指北针》，这部小说是真实的时代记录，我不在乎它能不能火，我只在乎我尽心尽力写好了，对得起自己，对得起时代。这个信念帮助我摆脱人生的低潮期，避免出现中年危机或抑郁症这类心理问题。

你来做设计了，很好，能留下几栋建成项目的话，那很了不起。20 年后当你路过自己设计的项目，向别人说起这是你设计的，那种自豪感是干其他行业无法拥有的。你离开设计行业了，去寻找更适合的职业，做有意义的事，也很好。只要不虚度人生，都是成功。

问：有哪些想和年轻读者分享的话？

答：我想分享两个话题。

第一个话题是关于人生。人只有从足够长的时间里回望过去，才能对人生有更深刻的理解。在这 30 年里，我目睹过有人高峰崩塌，也见证过有人涓涓细流汇成江海，不要太在意一时一地的得失，也不要忽视每个建设性的积累。在中国持续发展的大背景下，转行或者不转行都有成功的机会，坚持比聪明更重要。

事业成功不是人生全部，平衡好人生要遇到的方方面面才是最重要的修炼。事业成功时压力必然大，家庭关系和身心健康要兼顾好；事业低谷时心理容易失衡，心理健康和对未来的信心要保持住。与家庭成员、工作伙伴有矛盾时，尽量采取措施化解，身段灵活减少矛盾带来的损失，面子算什么？毕竟里子比面子重要。

第二个是关于建筑设计行业的未来。传统建筑设计行业在国内已经饱和，国外或许有机会。东盟、中东、中亚地区是目前最有可能突破的蓝海，中国的建筑设计高效成熟，随着远程办公生态的成熟，建筑设计一定会像中国制造业一样出海，并且日益占领国际市场，建筑师常驻国外也会非常普遍。第二个方向是建筑设计系统软件，中国若能突破，制造出国产 AutoCAD、3DMAX 这类底层工业软件，不再受制于人，整个绘图乃至 3D 建模的平台生态都有广阔的发展前景，再结合当下发展良好的物联网和智慧城市，这也会是一片巨大的蓝海。

第三个方向是大量的旧建筑改造，中国城市化进入尾声，大量存量建筑 20 年后需要维修翻新，对这方面的建筑设计需求量也很大。

最后给大家打个预防针。各行各业都会有这样的兴衰起伏，大家要做好心理和物质准备。

夏至

2000 年前：在某建筑老八校读建筑本科。

工作前 10 年：某一线城市从事建筑设计，国家一级注册建筑师，教授级高级工程师。

工作后 10 年：某一线城市地产甲方设计管理，集团设计中心总监。

2022 年，自由职业者。著有长篇小说《总图没有指北针》，在豆瓣阅读量超过 10 万，多数读者是设计行业从业者。它是建筑人的秘密花园，写出了建筑人的酸甜苦辣，欢笑与泪水，期待你的光临。

小编寄语

我一直觉得"建走偏锋"这个公众号从名称到定位都有侠气在,许许多多的人在这里留下了他们像侠者一样披荆斩棘的人生故事。有时我深有共鸣,有时我会羡慕和向往那些特别的经历,有时我又能感受到我们这些土建学生和从业者的无奈,还有很多时候,我看到的是普通人对人生的思考、选择、重建,并被这些勇敢和努力鼓舞,感动。

在做小编的这段日子里,我自己才刚刚毕业半年多并从土木转行到互联网,工作和生活也处在比较迷茫的阶段:学生身份到职场人的转变,新生活复杂度的飙升,都让我时常觉得压抑和难以支撑。在这个时候选择成为这本书的编写者又为自己增加一项额外的工作,似乎是非常不明智的决定。

但我想做编写者的理由很简单:我很喜欢读书,能够有机会体验做编写者这项工作会让我感到幸福;我也很爱"建走偏锋"这个公众号,她带给我许多思考和感动,我希望能把这份坚韧的力量传递给更多人。而现在回看,这确实是我做过的最重要也最正确的决定之一。很高兴争取到了这次机会,让我能够认识这么多灿烂的嘉宾,他们的工作千差万别,性格也各有特色。每一位嘉宾都给我留下了很深刻的印象,在采访的过程中也有许多小细节让我动容。每个人想要离开的原因或许都不同,但因为要第二次对人生做出取舍,反而会比在最开始"跟风学了个专业""随大流找了个工作"更真切地找到适合自己并热爱的事业。

许多学生经常在对内还没能探寻清楚自身，对外还缺乏足够多辅助评判信息的时候，就做出了可能会影响长远人生的选择。那么当发现工作和生活不符合预期时，有勇气去重新审视一切，收集信息，权衡利弊，并为之付诸行动，在我看来是很值得敬佩的事情。其实怎么做都没有对错之分，也没有人能从头至尾都走在绝对正确的笔直大道上。当出现分岔路时，一定会有不同的风景，有些路上可能沟壑纵横，有些路上却可能有一棵树、一朵花、一阵徐徐吹来的清风。这本书里的嘉宾，其实也只是做着自己认知和能力范围内让自己最舒服的事情，做出的选择不一定会对所有人适用，但人生因不同选择而各自精彩。

其实不单是建筑业，市场饱和、毕业生过剩等问题在其他很多行业也比比皆是。但宏大的社会背景下，每一个个体做出的顺应时代又发挥个人特长的选择，都会有很大的差异。哪怕不是传奇故事，普通人也有百转千回的际遇和说不清道不明的缘分。虽然这本书最直观能做的是给大家一瞥土建群体转行的抽样结果，但如何面对工作，面对生活是属于你我共同的课题。这本书适合每一位在努力生活、和这个世界打交道的朋友，无关专业，更关乎人本身。每个人的轨迹都有共通性，我们是在和不同人的交流之中，发觉自己其实从不孤单，并逐渐摸索到了自我。

接纳不同意见的存在，欣赏每个不一样的选择，我们一起推动这个社会向更宽阔而自由的未来前进。

刘佳辰

"世界上唯一不变的就是变化",出自《谁动了我的奶酪》,这本书讲述的是不劳而获的小老鼠以为奶酪取之不尽从而放弃寻找新的机会,最终饿死在迷宫的故事,也意指短视者满足于眼前利益而忽视了危机的到来,无法承受变化的风险。然而当今社会中最不缺少的就是变化,若只纠结于单项的工作能力,路子可能会越走越窄。

有很多人前 20 年按部就班地生活,但是在 20 岁之后突然就没有人告诉我们要做什么,要怎么做。不想结束、不想改变已定的路径是一种很常见的心理状态。但从这本书中,我们可以看见还是有许多人都保持着积极心态在不断探讨如何去拓展自己的职业道路。即使某一天做了转行的决定,也不算开始得太晚,希望我们都能在回顾过去时,更清楚地想明白自己究竟想要什么,每个决策背后真正的驱动因素又是什么。不断尝试,不停折腾,并且不害怕结束,才能拥有更多发展的机会。

作为小编,我很幸运能够与几位嘉宾进行沟通,并且提前了解到这么多千姿百态的人生。有的人转行水到渠成,有的人转行困难重重;有的人转行如沐新生,有的人转行遭受重创。没有人能知道转行的必经之路是什么样的,但我想说,不要高估短期内的回报,更不要低估长时间坚持能带来的改变。

周密

在我对接回访的几位嘉宾中，他们的工作年限跨度很大：从毕业后工作经验两年左右的职场新人，到工作二十几年的清华前辈；他们的职业方式更是跨度很大：从公司固定打卡上下班的职员，到不需要线下去公司办公的"数字游民"，再到地产从业数十年后成为自由职业者。我试图在和他们的对话中找到一些共同点：比如他们在决定转型之后，都没有停下来等待新的机会上门，而是自己主动地去了解、学习、实践，就这样慢慢去摸索适合自己的方向。

虽然他们最大的共同点是都从建筑专业这个起点完成了转行，但是他们后来从事的职业却天差地别，这让身为小编的我觉得很开心。因为差异更大更多样的"转行后职业"证明了一个人在毕业后的选择没有被专业局限，不会只有从事本专业相关工作这一种路径。所以不管你是在校的学生，还是刚进入职场没多久的新人，又或者是已经有了多年工作经验的人，都可以在这本书中找到自己的影子。

我相信很多读者怀着一种"被本专业困住"的迷茫才来读这本书：建筑曾是一个非常辉煌的专业，但随着国家基础建设的不断发展，建筑行业的发展机遇也在逐渐收缩。在这样的时代浪潮之下，许多人想重振旗鼓，或者转变方向，但又觉得困难重重，很不现实。本书是这些专业背景相似的人却有着截然不同的转行经历的汇集，我相信会给那些想要寻求一点方向感的读者们一点力量——你看，并不是只有一种选择，人可以做的还有很多。

越早想明白这件事的人就会越早去行动起来，正如这本书中采访到的所有人们。"转行的目的并不是转行本身，而是为了追求更好的生活"，我非常赞同这句话。转行其实只是另一个新的"起点"，是去改变现在不满意生活状态的起点，希望这些分享可以给那些还在迷茫，尚未找到新起点的读者们一点勇气和方向。

"只要你们找,就会找到。"

徐佳美

结语：转行不过是再一次认识自己

小编刚来找我写结语的时候，我还是很惶恐的。因为在"建走偏锋"公众号有这么多优秀的小伙伴，我不能代表他们，我只是其中一个爱折腾的例子。但同时又是很兴奋的，因为看到我们的故事被编成书出版，可能十年、二十年甚至三十年后，还有一本实体书记录着我们年轻时的勇敢，还有一个重聚再回首的理由。

认知

如果回顾自己人生的种种选择，可以发现它们都有一种若有若无的"信念"在支撑，虽然在个别选择上有差异，但长期来看这种"信念"会越来越清晰。所谓转行，不过是在依据自己的"信念"去优化自己的职业选择。

你的第一份工作是如何选择的？是一定要做专业相关的工作，抑或是身边的人大多数都如此选择，还是迫于父母亲朋的压力？但现在这些都不重要，因为你已经开始发觉"现在的工作不适合我""原来我不喜欢做这件事"。也正是因为上一份专业选择，让你的"信念"变得更清晰了些，让你更了解你自己一些。

于是你开始阅读别人的故事，开始拨开蒙住双眼的手。你看到，"原来建筑师可以去做婚礼策划""原来建筑师也可以去当一名律师""原来建筑师真的可以辞职摆摊卖烧烤"……原来蒙住了我们双眼的人，正是我们自己。

接着你开始问自己：我应该做什么工作？哪一个岗位适合我？

但更应该问的是：你想成为什么样的人？你想用什么样的方式过完这一生？

勇气

转行不过是再一次认识自己，只是我们需要迈出那一步的勇气。这里的勇气，不仅是他人用实际行动告诉你"这条路可以走"，更是没人告诉你这条路能走通的时候，你还可以选择第一个走下去。

因为你知道你想成为什么样的人，你知道现在的路不利于实现自我价值，所以你踏上了新的路。一开始，你觉得那条"荒无人烟"的路是黑暗的，是陌生的，是令人恐惧的。但事实往往是，当你走着走着，你会发现原来路上不止你一个人，原来自己并不孤单，原来这条路也是开满鲜花的。

我始终忘不了转行成功后的那种喜悦，那是想与全世界分享的冲动。如果你成为自己的主宰，如果你为之力排众议，如果你有辗转反侧的日夜，如果你有春夏秋冬的努力，我想你可以感同身受。

陪伴

没有任何选择是可以完全依赖自己，也没有任何一次的成功与幸运无关。人生中有很多"领路人"，要感谢他们愿意分享自己的故事；人生中有很多"命运"，也要感谢它的安排。

虽然没有志在必得，也没有始终拥有，但环顾四周，还有很多志同道合的伙伴。我们没有过多言语，肩并肩走在一条道路上，就是对彼此最大的鼓励。也许我们有一天会分别，那么请祝福他。因为他认识了新的自己，他有自己新的路要走，我们顶峰再会。

很开心可以在"建走偏锋"的大家庭里认识这么多美好的人。

纸上得来终觉浅，绝知此事要躬行。所以现在，你想成为什么样的人？

丘山

更多精彩的转行故事,都在建走偏锋